ZI MING XING YUN YING SHI ZHAN

自明星运营实战

网红经济经典案例+营销方法+打造技巧

倪林峰◎著

SPM
南方出版传媒
广东经济出版社
—广州—

图书在版编目（CIP）数据

自明星运营实战：网红经济经典案例＋营销方法＋打造技巧/倪林峰著．—广州：广东经济出版社，2016.9
ISBN 978－7－5454－4760－6

Ⅰ.①自… Ⅱ.①倪… Ⅲ.①网络营销－通俗读物 Ⅳ.①F713.36－49

中国版本图书馆 CIP 数据核字（2016）第196048号

出 版 人：姚丹林
责任编辑：蒋先润
责任技编：许伟斌

出版发行	广东经济出版社（广州市环市东路水荫路11号11～12楼）
经销	全国新华书店
印刷	广东新华印刷有限公司南海分公司（广东省佛山市南海区盐步河东中心路）
开本	730毫米×1020毫米 1/16
印张	15.5
字数	211 000字
版次	2016年9月第1版
印次	2016年9月第1次
印数	1～5 000册
书号	ISBN 978－7－5454－4760－6
定价	45.00元

如发现印装质量问题，影响阅读，请与承印厂联系调换。
发行部地址：广州市环市东路水荫路11号11楼
电话：（020）38306055 37601950 邮政编码：510075
邮购地址：广州市环市东路水荫路11号11楼
电话：（020）37601950 营销网址：http://www.gebook.com
广东经济出版社新浪官方微博：http://e.weibo.com/gebook
广东经济出版社常年法律顾问：何剑桥律师
·版权所有 翻印必究·

前　言

Preface

自明星经济，是美丽泡沫，还是未来趋势

近两年，随着一大批自明星的出现，围绕自明星生发的商业链条和盈利模式也开始浮出水面，并被称为“自明星经济”。大量的粉丝、强大的话题、资本认可的商业变现能力、日益衍生的产业链……自明星经济已然成为移动互联网时代最具代表性的商业现象。不过，对此很多人也在疑惑，自明星经济对于经济发展和社会文化生态而言，究竟是一个美丽的泡沫还是代表未来的趋势呢？

自明星的影响力为何越来越大

每隔一段时间就会出现一个对社会产生或大或小影响的自明星，但是仅靠犀利言辞或另类行为让影响保持长期的热度并不容易，自明星需要有持续不断的特色内容，并紧跟传播方式的变化而变化。和持续热度超过10年的自明星杨冰阳（网名：ayawawa）这种高产内容型自明星不同，新晋的自明星们不需要太多专业的知识，比如雪梨、张大奕靠着穿衣打扮就能获得万千粉丝，艾克里里靠着几分钟小学生化妆的短视频迅速走红网络。而他们只是把自己的真实状态分享给粉丝，就跟分享给朋友一样。粉丝在自明星的生活

中找到了自己向往的影子，并且觉得自明星比娱乐圈的明星更加真实。

“90后”成为社会主流，形成新的媒体消费习惯

就像ayawawa倾听粉丝困扰一样，自明星能通过更个性化的方式为本来很普通的产品增加情感的溢价。而这背后，也体现出新消费群体的兴起。

“90后”是随着互联网成长起来的，互联网对他们来说不只是生活的基本工具，更是帮助他们提升生活品质以及增强个人综合竞争力的贴身用品。“90后”每天花在互联网上的时间远远超过其他群体，而“90后”区别于其他群体的一个最大特点就是他们欣赏的角度十分多元化，各种类型的内容，只要有趣、有个性，他们就会去欣赏。

“90后”追求更极致的内容，比如本来可能非常沉闷的央视纪录片《我在故宫修文物》，由于对故宫的诸多文物以及文物修缮工作者的日常工作进行了非常细致的刻画。这类原本可能只有专业人士会看的内容，在Bilibili网站也很受“90后”的热捧。和“80后”不同，“90后”更喜欢利用社交网络展示独立的个体、思索自我，探索世界。这就是自明星为何会形成一种趋势，受到“90后”热捧的最大原因。

自明星是一个迅速扩展的新业态

实际上，不管是国内还是国外，罗振宇式自明星都并非新生事物。早在10年前的网络论坛时代，芙蓉姐姐就成了最早一代的“自明星”。此后，随着微博、微信公众号、短视频、直播平台等更多自媒体平台的出现，越来越多的自明星出现在公众眼前，围绕自明星衍生出的产业链越来越庞大。自明星孵化公司、自明星培训班等机构也慢慢出现，自明星推手、自明星营销公司成为他们背后的强大团队。

现在，越来越多的人开始加入这个行业。很多人都在质疑，自明星的生命周期太短，只能造成短时期的风潮。但是，就目前而言，自明星经济确实形成了一个庞大的新业态，其生命力也越来越持久。所以，自明星经济是美丽泡沫还是未来趋势，市场早已给了我们答案。

目 录

Contents

第一章

自明星：互联网营销的新风口

为什么要选择自明星的方式进行自我价值实现的途径呢？在互联网已经成为新常态的环境之下，自明星以操作简单、成本更低等优势成为人们跃跃欲试的途径。这一章，我们先来谈谈什么是自明星，自明星的优势又是什么。

第一节　什么是自明星

也许，很多人都有这样的疑问："我自媒体都还没有弄明白，怎么又出现了一个自明星？"其实自媒体和自明星是有紧密关系的。在了解自明星之前，先要了解什么是自媒体。

要了解自明星，先了解自媒体

其实，自媒体早就出现了，只是在 2012 年后才真正在中国火起来。美国新闻学会媒体中心于 2003 年 7 月份发布了由谢因・波曼与克里斯・威利斯两位联合提出的"We-Media"研究报告。"自媒体"概念由此而生。

鬼脚七对媒体和自媒体的定义是这样的：媒体本质上就是一个传播渠道。当个人也建立了一个传播信息的渠道，就是自媒体。这个渠道可以是微信公众号，也可以是微博，还可以是 QQ 空间，甚至是个人网站等。如图 1-1，邹志强的个人网站就是自媒体平台之一。

图 1-1　邹志强个人网站

通过以上定义和分析，可得知自媒体就是个人、团队、企业建立的传播信息的渠道。现在影响力较大的官方自媒体渠道则是今日头条、搜狐媒体平台。这些官方的自媒体因为有大流量的支持，比起微信公众号、微博等个人自媒体要有力得多。如图 1–2 所示。

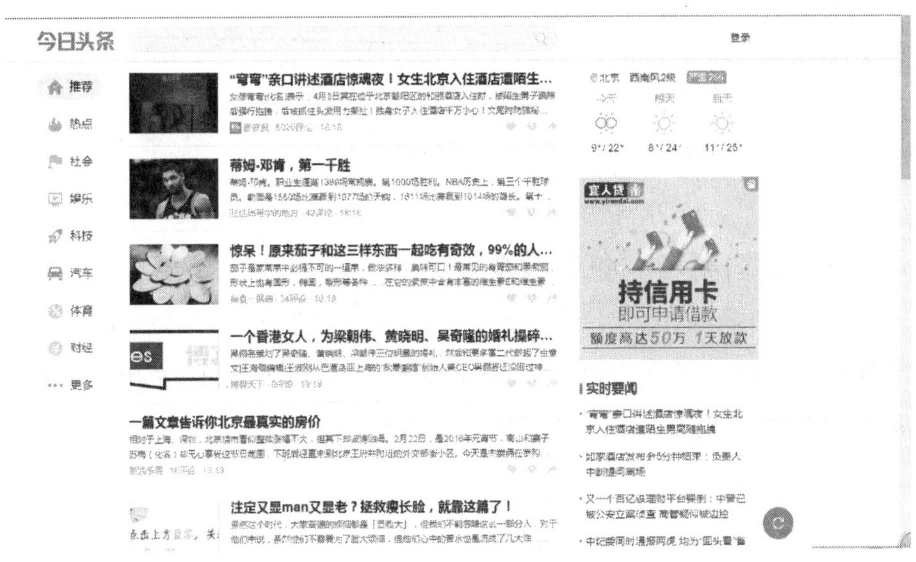

图 1–2 《今日头条》媒体平台

有了自媒体，就有自明星

有了自媒体，自然就会有自明星，其潜力、价值甚至要比自媒体还大。那什么是自明星呢？“自明星”这个概念，最先是由秦刚在 2014 年提出的。“明星”是在某个行业能力高超，且有一定影响力的人。“自媒体明星”顾名思义就是通过自媒体成为让大众熟知的某个领域的明星。

自明星包含两层意思：一是通过自媒体让大家所熟知和关注；二是自己动手把自己打造成明星的过程。做自明星要满足两个前提条件：一是具备在某个领域创造价值的能力；二是通过媒体放大自身能力，从而被更多人所熟知。第一点是最为重要的，简单地说就是你要有某一个领域的绝活，有丰富的经验，可以把经验转化为网络传播媒介。如自明星概念的创始人秦刚，他本身也是个“自明星”。如图 1–3 所示。

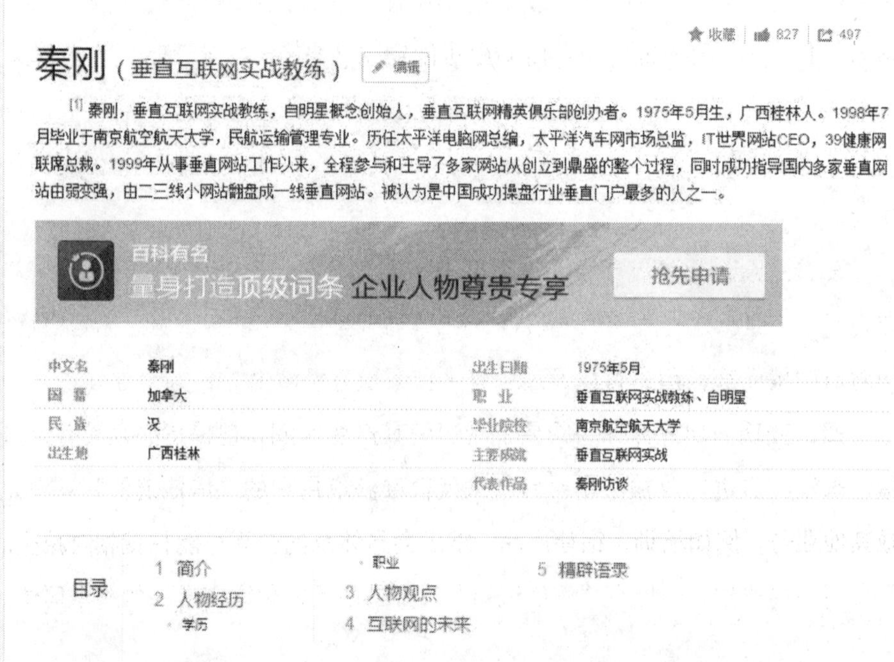
收藏 | 827 | 497
秦刚（垂直互联网实战教练）
编辑
[1] 秦刚，垂直互联网实战教练，自明星概念创始人，垂直互联网精英俱乐部创办者。1975年5月生，广西桂林人。1998年7月毕业于南京航空航天大学，民航运输管理专业。历任太平洋电脑网总编，太平洋汽车网市场总监，IT世界网站CEO，39健康网联席总裁。1999年从事垂直网站工作以来，全程参与和主导了多家网站从创立到鼎盛的整个过程，同时成功指导国内多家垂直网站由弱变强，由二三线小网站翻盘成一线垂直网站。被认为是中国成功操盘行业垂直门户最多的人之一。
百科有名
量身打造顶级词条 企业人物尊贵专享
抢先申请
中文名 秦刚
国籍 加拿大
民族 汉
出生地 广西桂林
出生日期 1975年5月
职业 垂直互联网实战教练、自明星
毕业院校 南京航空航天大学
主要成就 垂直互联网实战
代表作品 秦刚访谈
目录
1 简介
2 人物经历
学历
职业
3 人物观点
4 互联网的未来
5 精辟语录

图 1–3　秦刚本身也是个“自明星”

自明星是依靠自媒体作为衬托发展起来的一种模式，专注于某个垂直领域，分享个人经验、观点等方式，然后将自己打造成一个明星，之后汇聚粉丝。就像马云一样，马云创造了淘宝，如果马云是个自明星，那淘宝就是自媒体；又或者罗振宇，他是网络名人，那么《罗辑思维》这个栏目就是自媒体。

自媒体和自明星的相同与不同

自媒体是个人建立的传播信息渠道，自明星是以自媒体为依托的，没有自媒体，就没有自明星。而自明星有了一定的粉丝基础之后，可以让自媒体发展得更为壮大。这是自媒体和自明星的共通点，两者是紧密相连的。

它们的不同点就是自明星潜力、价值比自媒体大。主要体现在以下几个方面：

一、渠道。上文有述，自媒体就是个人建立的传播信息的渠道，自媒体是单条渠道。而自明星是多渠道发展的，它可以利用各种媒体渠道把自己炒

做成某个领域的明星。

二、时间。自媒体要发展成一定的规模，需要非常大的投入，时间的沉淀、精力的付出都是很难想象的。自明星可以借助各种平台来提升自己的名气。例如一些网络营销策划领域的自明星，就会通过一些网站、博客、互联网媒体平台进行投稿，同时留下个人的关注方式，让用户关注他，成为他的粉丝。

三、受众。自媒体局限于一个区域。现在大部分都是和公众号、微博等结合运用，但还是有一定的局限性，用户只能通过固定的渠道去了解自媒体。而对自明星而言，用户可以通过各种平台渠道来了解他。

四、变现。自媒体如果想要变现，使其产生利润，前提是必须具有大流量，来投广告进行收益。单平台本来就很难获取用户的“信任流量”，因此做其他业务，例如培训、销售产品、推出会员体系的变现可能性就相对减少。而自明星的粉丝，不但有“信任流量”，更是多且转化率非常高的一个群体。自明星拓展商家的机会自然也比自媒体多。

第二节　自明星的优势

现在越来越多的人通过自明星模式创业，自明星越来越受人们欢迎。和成为自明星的创业者一样，自明星这个概念也在创业界真真正正地走红了！任何东西受到市场欢迎都有一定的道理存在。自明星也一样，它会“走红”的道理就是它的优势。

案例：聚美优品，电商界的自明星代表

聚美优品的陈欧可以说是电商界自明星的最佳代表，不同于淘宝、京东这些有大背景的电商平台。聚美优品最初的创业成本只有 200 万元，即使后

来有了一定的发展，在创业初期急需用钱的阶段，聚美优品也根本没有太多的资金放在营销方面，所以请大牌明星、做大量广告推广对当时的聚美优品来说根本不可能。

为此，聚美优品的创业团队决定剑走偏锋，把自己的总裁陈欧打造成明星，让消费者因为陈欧的魅力成为聚美优品的粉丝。于是，就有了后来的经典广告“我为自己代言”（图 1–4）。不同于其他企业品牌名高于总裁本人的情况，聚美优品的消费者是先认识陈欧，被陈欧吸引，才认识聚美优品，并成为聚美优品的粉丝。可以说，经过“我为自己代言”广告后的聚美优品总裁陈欧，已经成为一个实实在在的自明星，而聚美优品也从自明星陈欧身上获得了不小的益处。截至 2016 年 4 月 6 日，陈欧的微博粉丝达到 3，497 万，比很多演艺圈的明星都高出很多。这些微博粉丝，大部分都是聚美优品的购买者。如图 1–5 所示。

图 1–4　聚美优品总裁陈欧“我为自己代言”的广告

图 1–5 陈欧微博粉丝已达 3497 万（截至 2016 年 4 月 6 日）

创业成本更为低廉

自明星的创业模式相比于其他创业模式成本更为低廉。互联网出现以来，看似所有成本都消失了，其实不然，互联网创业的成本不是消失，而是门槛变得更低。任何事情都有成本，有的成本是金钱、有的成本是才华、有的成本是颜值、有的成本则需要三位一体。而自明星的创业成本，显然偏重于才华和颜值，所以相对来说，金钱成本的投入就降低了。

从聚美优品的案例中就可以看出，打造一个自明星，确实为聚美优品节省了不少的广告费。如果是按照一般的营销程序走，聚美优品肯定要为此付出巨额的广告费用，单是一项明星代言费就需要不少钱，而且还不一定起到多大作用。因为现在到处都是明星代言的产品，消费者早已见怪不怪。而企业总裁做代言人，这在中国商界还是比较少见的，因此肯定会让消费者感到新鲜。

同理，创业者如果先把自己打造成自明星，再通过自身的影响力去销售产品，其创业成本肯定会比先出产品后吸引用户购买产品低得多。

个人价值的挖掘

不管你是谁，只要你有创造优质内容的能力，你就可以成为自明星。从现实的案例中，我们可以看到成为自明星的都是一些“草根达人”。自明星模式可以让每个人的能力得到实现，提升每个人的价值感。无须为“英雄无用武之地”而苦恼，只要你拥有某个领域的才华，你就能受到用户的认可，像明星一样拥有大批的粉丝，最后为自己获得大笔的收益。

就像聚美优品的陈欧一样，谁又想过一个企业总裁可以自己为自己的产

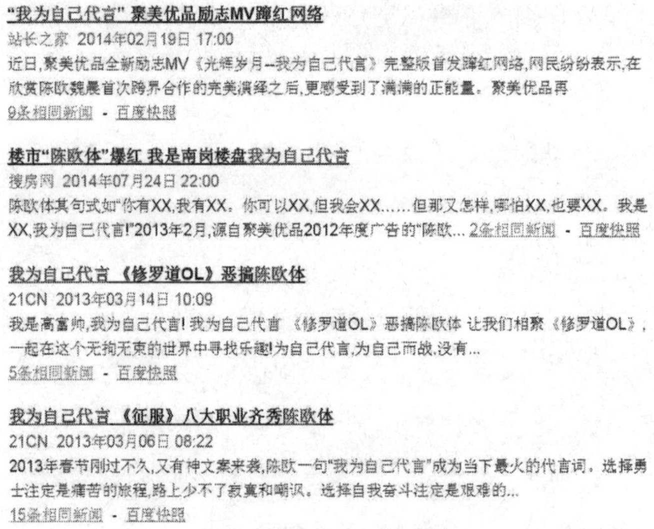

“我为自己代言” 聚美优品励志MV蹿红网络

站长之家 2014年02月19日 17:00

近日,聚美优品全新励志MV《光辉岁月--我为自己代言》完整版首发蹿红网络,网民纷纷表示,在欣赏陈欧魏晨首次跨界合作的完美演绎之后,更感受到了满满的正能量。聚美优品再

9条相同新闻 - 百度快照

楼市“陈欧体”爆红 我是南岗楼盘我为自己代言

搜房网 2014年07月24日 22:00

陈欧体其句式如“你有XX,我有XX。你可以XX,但我会XX……但那又怎样,哪怕XX,也要XX。我是XX,我为自己代言!”2013年2月,源自聚美优品2012年度广告的“陈欧... 2条相同新闻 - 百度快照

我为自己代言 《修罗道OL》恶搞陈欧体

21CN 2013年03月14日 10:09

我是高富帅,我为自己代言! 我为自己代言 《修罗道OL》恶搞陈欧体 让我们相聚《修罗道OL》,一起在这个无拘无束的世界中寻找乐趣!为自己代言,为自己而战,没有...

5条相同新闻 - 百度快照

我为自己代言 《征服》八大职业齐秀陈欧体

21CN 2013年03月06日 08:22

2013年春节刚过不久,又有神文案来袭,陈欧一句“我为自己代言”成为当下最火的代言词。选择勇士注定是痛苦的旅程,路上少不了寂寞和嘲讽。选择自我奋斗注定是艰难的...

15条相同新闻 - 百度快照

图 1–6　媒体对于聚美优品总裁陈欧的报道

品代言，一个企业总裁不再高高在上地在公司里运筹帷幄，而是像明星一样成为品牌的代言人，拥有大批粉丝，帮助企业扩展知名度。如图 1–6 所示。

这就是自明星模式对个人价值的提升，让总裁不再只拥有“总裁”的价值，还可以挖掘出更多个人价值，为企业带来更多好处。

对于草根创业者也一样，也许你只是营销策划员，但是通过自明星的模式，你却可以成为这个行业的明星，不再只是为他人工作的营销策划员，你

可能成为一个讲师、一个培训员，或者像秦刚一样成为作者。这就是自明星模式对个人价值的提升、挖掘以及实现。

商业模式可期待

自明星是通过相关的优质内容或产品分享去吸引相应的用户群进行营销，由于“明星效应”，自明星所推出或是由自明星代言的产品，在品牌创始初期与其他新品牌相比，减少了传播成本，减少了粉丝与品牌沟通的障碍，因此更占据优势。自明星的低门槛、低成本的商业模式在市场竞争日益激烈，投入与产出越加不平衡的今天，是许多创业者可以考虑的方向。

自明星的商业模式，在一定程度上就是粉丝经济，只要你吸引到粉丝，粉丝经济在此就能形成一个良好的闭环，并获取一定的收益。可以说，自明星的商业模式是可期待的，它极有可能成为许多草根达人的创业新天地。

第三节 自明星的特点

每种事物都有每种事物的特点，自明星也是一样，它也有独属于它自己的特点，正是这些特点，使自明星迅速发展起来，被更多的人所熟知。

案例：冯东阳，草根站长的华丽转身

冯东阳，一个87年出生的小伙子。曾经是一个快被房子压垮的人，在公司负责微信运营和推广的工作。在工作之余，他弄了一个小网站，每天写一些自己的工作经验，然后分享或者投稿到一些大的站长平台。网站建立没多久，他就从一个草根站长转变成站长圈中的自媒体明星代表，并且出版了《草根自媒体达人运营实战》。如图1–7所示。

2014年7月13日，冯东阳撰写的一篇文章《致QQ产品经理的一封信》

引起了站长圈的轰动（图 1–8）。当时，腾讯 QQ 弹窗存在一些不足，一些人借这个功能乱发广告，给 QQ 用户造成了极大的困扰，影响了 QQ 的用户体验。同时，还有一些人借此开发弹窗软件进行买卖。发现这种情况后，冯东阳写了这篇软文来告知腾讯 QQ 产品的负责人，这封信在互联网圈被广泛传播。腾讯 QQ 产品负责人阅读此文后，立即取消了 PC 端 QQ 窗口的弹窗，同时对移动端进行了优化，而冯东阳也就此火了。

现在冯东阳建立了全新的付费网站，出版了图书，成了名副其实的自明星。

图 1–7　冯东阳《草根自媒体达人运营实战》

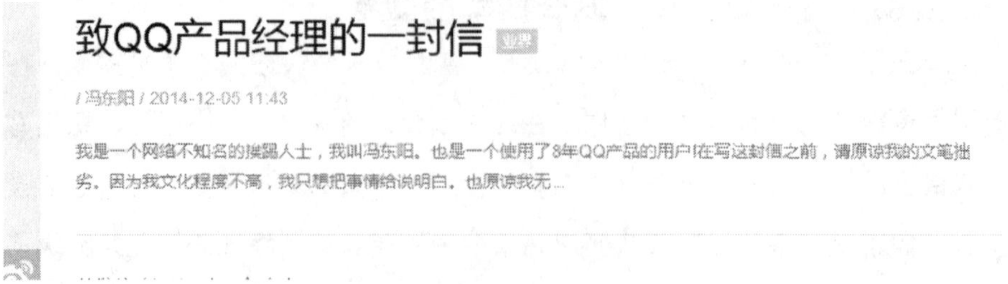

致QQ产品经理的一封信

/冯东阳 / 2014-12-05 11:43

我是一个网络不知名的挨踢人士，我叫冯东阳。也是一个使用了8年QQ产品的用户!在写这封信之前，请原谅我的文笔拙劣。因为我文化程度不高，我只想把事情给说明白。也原谅我无...

图 1–8　冯东阳撰写的《致 QQ 产品经理的一封信》

平民化，个性化

2006 年年底，美国《时代》周刊年度人物评选封面上没有摆放任何名人的照片，而是出现了一个大大的“YOU”和一台 PC，这引起了很多读者的疑惑，纷纷询问《时代》周刊这是何意。《时代》周刊对此的解释是“社会正从机构向个人过渡，个人正在成为‘新数字时代民主社会’的公民，2006 年年度人物就是‘你’。‘你’才是互联网上的所有使用者和创造者。”

也就是说，在互联网时代，普通的公民从观看者变成了表演者，从平常人变成了明星。每个人都可以拥有一份自己的“网络报纸”，根据自己的特长去书写内容。“媒体”就像“旧时王谢堂前燕，飞入寻常百姓家”。每个人都可以通过这个互联网媒体成为明星。

就像冯东阳，如果不是互联网的平民化、自媒体的大众化，他还是某个公司的微信运营推广人员。他通过互联网建立了个人网站，根据自己的特长去书写内容，因为优质的内容被人所熟知，从而成为自明星。如图 1-9 所示。

图 1–9　冯东阳的自媒体博客

低门槛，易操作

对传统明星而言，打造一个明星无疑是一件非常复杂的事情，除了自身需要好的外貌或才华，还需要花费大量的人力和财力去包装。一个明星的成功需要通过市场的层层检验，即使是一夜爆红的明星，其实也早已在行业中打磨了多年。但是，在这个互联网文化高度发展的时代，我们只要坐在家里就可以看到世界各处的风景，可以欣赏到最新的流行视听，可以品味到各大名家的文学作品。互联网让一切成为可能，平民大众成立了一个属于自己的“媒体”，把自己打造成一个明星也成为可能，而且无须太多的人力和财力运作，只需要你有某个领域的才华即可。

想成为自明星的人只需要在搜狐、微信、微博、视频网站等所有提供自媒体的网站上，通过简单的注册申请、发布上传自制的内容，就可以创建自己的“媒体”。然后，通过这些平台被广大用户所熟知，最后让用户关注你，并成为你的粉丝。当你拥有一定数量的粉丝后，你就可以成为“自明星”了。

图 1–10　冯东阳的《致 QQ 产品经理的一封信》在各网站发布

例如冯东阳的《致 QQ 产品经理的一封信》，在以往想要被人看到只能发布在报纸、杂志上，而一般的报纸和杂志是不会收录此类文章的。但是，在自媒体模式下，冯东阳只需要发表在自己的网站上，或是投稿到一些大型站点，就能引起广泛传播。操作的过程简单便捷，个人也无须为此付任何费用。如图 1–10 所示。

交互强，传播快

得益于互联网的发展，自明星所创作的内容，在任何时间、任何地点都能够被人们迅速阅读，时效大大地增强。自明星自制的内容从制作到发表，其迅速、高效的优势是传统的电视、报纸媒介无法企及的。互联网能够迅速将自明星制作的信息传播到受众中，受众也可以迅速地对信息传播的效果进行反馈。在互联网的作用下，自明星和受众的距离为零，其交互性的强大更是任何传统媒介都望尘莫及的。这也是自明星商业模式能够实现的最根本原因之一。

互联网的交互强、传播快的特点，让冯东阳的《致 QQ 产品经理的一封信》迅速传播，除了在站长圈中传播，还传播到外界，并被腾讯产品经理看到，最后冯东阳红了，成为自明星。这一切的一切如果没有互联网帮助，是不可能实现的。

第四节　自明星的实现平台

前文有述，自明星很大一部分都是依托于自媒体平台的，自媒体的渠道平台有很多。个人渠道包括微博、微信；官方渠道包括今日头条、搜狐平台等。自明星可自由操作这些平台。相比于传统媒体动辄大手笔的投入，然后通过层层的核实和考验，再投入大量的人力物力，才有可能做起来，自明星的自媒体平台操作就简单多了，只需要选择好平台，完成注册即可。那么，该如何选择自媒体平台呢？又该如何操作呢？

案例：腾讯自媒体入驻指南

互联网的出现，让自明星多了很多可以展现自身价值的平台。每个平台都有其特点，它们操作的步骤虽不尽相同，但也大同小异。现在我们通过对腾讯自媒体操作步骤的解析，让想成为自明星的人了解一下自明星的自媒体平台大概都是如何操作的。

第一步：注册和审核。

登录企鹅媒体平台，访问 http：//om.qq.com，点击左上角的立即注册，支持邮箱注册，但不支持手机端注册。如图 1–11 所示。

图 1–11　企鹅媒体平台主界面

准备材料（申请主体和运营者信息）。如表 1–1 所示。

表 1–1　企鹅媒体平台申请需准备的材料

适用类型	个人：适合个人与作者	媒体：通讯社、报纸杂志、电视、电台和有新闻资质的网站等	企业：企业及其分支机构等	政府：国内外各级政府机构、事业单位和参公管理的社团组织等	社会组织：其他组织，包括不属于媒体、企业和政府的其他组织
准备材料	申请人身份证信息	组织名称	企业名称	机构全称	组织名称
	申请人手持身份证照片	组织机构代码	企业营业执照注册号	公函	组织机构代码
	微信公众号验证	微信公众号验证	微信公众号验证	微信公众号验证	微信公众号认证证
		运营者身份证信息	运营者手持身份证照片	运营者手持身份证照片	运营者手持身份证照片
		运营者手持身份证照片	运营者手持身份证照片	运营者手持身份证照片	运营者手持身份证照片

第二步：审核。

审核包括三个部分：

第一部分，试运营。可以发布文章以及在相应客户端的订阅里搜索到该媒体，不能被系统推荐，不能使用微信内容源接入功能。

第二部分，正式运营。根据发文频率和文章质量情况，审核决定是否能进入正式运营。正式运营后，账号状态将成为企鹅号，文章将会得到推荐。

第三部分，账号管理。账号管理分为三个内容：第一个内容是账号信息：编辑后台的“账号设置”，可修改账号介绍，账号确认邮件，根据提示设置新密码；第二个内容是密码修改：在登录页面点击“忘记密码”，到绑定邮箱确认邮件，根据提示设置新密码；第三个内容是手机管理：点击服务号自定义菜单最右侧的“管理登录”，或者打开移动端浏览输入“http://om.qq.com”即可进入移动版后台，可查询数据和管理文章。

第三步：内容发布。

内容发布有两个方面需要注意：第一方面：每天可以发布 5 篇文章，后台将进行监控，更新意愿较差的媒体将予以下线，媒体下线后不得再次上线；第二方面：同步微信公众号的内容，账号进入 OM 平台后，在管理后台选择“功能——微信内容源接入”，输入需同步的微信公众号 ID。

第四步：内容推荐。

内容推荐可分为四个部分：一、前台搜索文章。一是从新闻客户端进行搜索，二是从天天快报进行搜索。二、提高前台搜索概率。首先标题要在 10 个字以上，26 个字以下，没有不规范符号；其次是正文字数大于 200 个字，多图，含有视频或是 GIF 等内容；最后是内容要切合热点。三、后台查看文章。发布成功后，在“文章管理”中点击文章标题，所有打开文章的 URL 就是文章的链接。四、后台查看数据。在“单篇文章统计”“整体统计”“订阅统计”里，均会独立展示文章在各个平台的数据表现。

第五步：收益。

企鹅自媒体平台的收益有两个来源：一是广告分成。对平台的自明星，

2015的广告会100%分成。二是原创补贴。坚守原创，深耕优质内容的媒体，另外有2亿元的补贴。具体分成和收益将根据自明星的内容、阅读量、原创程度、内容质量来计算。

视频式自媒体——优酷

视频媒体有很多，但优酷一直是自明星的首选。优酷的流量是最大的，上传的内容审核也比较松，只要不涉及广告的都能通过。优酷可以说是视频自媒体的乐土，如果你是爱好视频模式的自明星，优酷是个不错的选择。很多动漫、搞笑视频上传到优酷，播放量都很不错。而且只要播放量超过10万，且是自制的视频就可申请广告分成，这对于很多自明星来说是个很大的诱惑，而且确实有很多自明星通过优酷拿到了广告分成收入。如《暴走漫画》《罗辑思维》《鸿观》《唐唐脱口秀》，它们不单有广告分成，还有版权费。优酷的优点是流量大、搜索引擎好、推广营销做得好；缺点则是做高质量的视频难度比较大，没有一定视频制作能力和内容生产能力是很难通过优酷这个视频自媒体平台成为自明星的。

爆料式自媒体——微博

微博的活跃度非常高，最适合爆料式、段子手式的自明星。现在微博上粉丝数量惊人的微博大号多数是爆料式、段子手式的自媒体号。微博的传播速度非常快，往往能形成病毒性传播。例如，一些营销号爆的明星八卦，用不了多久就能成为微博头条或是各大媒体的头条新闻，现在很多新闻材料都是从微博上取材的。除了明星八卦之外，一些爆红段子也是如此，如“你若安好便是晴天”“世界这么大，我想去看看”等。微博的优点是传播速度快；缺点是僵尸粉多，打开知名度很快，但是想要变现就比较困难了。

媒体式自媒体——公众号

除了微信公众号之外，QQ、搜狐等也都推出了公众号。不过，最受欢迎

的还是微信公众号。现在很多人都在做公众号的自媒体，看电视的时候，节目主持人会提醒观众扫描公众号；在今日头条发表文章留下的版权信息也是公众号；甚至连卖水果的老板都会提醒消费者扫描微信公众号。由此可见，公众号的影响已经非常大了。微信公众号的优点是申请门槛低，阅读方便，便于传播，用户量大，比较适合没有多大成本预算的自明星；缺点则是更改名称麻烦，推广较为困难，后台编辑需要一定的技巧，同时还要有生产优质内容的能力。

分享式自媒体——QQ 空间

QQ 空间依托于 QQ，几乎每个人都在用该媒体，拥有很多忠实的粉丝。QQ 空间的用户已经养成看 QQ 空间的习惯，也喜欢在 QQ 空间中分享生活中的各种事情。QQ 空间的优点是互动性好，功能齐全，评论、点赞、传播等都比较方便，而最吸引自明星的一点就是 QQ 的单向好友；QQ 空间的缺点是容易被封号，而且日志审核不容易通过。

第五节　未来，五种自明星类型会消失

随着越来越多的自明星开始盈利，并呈现出高增长的态势，越来越多的人开始加入“自明星市场”，除了一个个独立的自明星之外，还有很多企业也开始打造自明星。现在，做自明星的不单单是个人了，很多自明星的背后都有一个团队，甚至是整个公司。但是，如果操作不好，在未来有几种类型的自明星将会消失。为什么？因为这些自明星是伪自明星，他们开微信、弄专栏、做视频的目的是卖产品，增加曝光度，他们做的还是原来的事，是赤裸裸的销售。有些人和公司甚至还弄不清楚什么是自明星，就胡乱上阵。那么，都有哪种类型的自明星将来会在“自明星市场”上消失呢？

刷存在感的伪自明星

现在，自媒体、自明星火了，企业在他们身上投的广告成本也就多了，因此有很多人开始坐不住了。开个公众号，设个专栏，或是利用一些负面事件做一个视频，就把自己当作自明星了。这些人大多数都是盲目跟风，刷存在感的。其特点是不用心、无所谓、刷负面，只要有关注度就好。对如何将自己打造成一个自明星完全没概念。这种自明星模式会随着时间的推移常态化，当其不具备炒作价值的时候，就没有了传播的价值。

以传统思维做自媒体的自明星

有很多人做自明星，但为什么有的成功，有的失败？最根本的原因就是因为这些失败者不懂自明星思维的精髓，以传统媒体的思维来打造自己的自媒体。自媒体与传统媒体有着截然不同的基因，生存法则也完全不同。自媒体强调的是自我，自明星的立场必须非常坚定。而传统媒体强调媒体的中立性，报道要客观，不能有个人偏好。没有鲜明个人色彩的自媒体自然没人关注，自媒体没人关注，以自媒体为载体的自明星就更难引起关注了。

不能持续输出精品内容的自明星

自明星要继续红下去，粉丝的关注至关重要。只有聚焦足够多的忠实粉丝，自明星才能吸引广告商的赞助。但如果自明星“三天打鱼、两天晒网”，那肯定是无法持续输出精品内容的，粉丝也很快就会失去热情。当前是一个信息极度丰富的时代，粉丝不愁注意力找不到着陆点。一旦粉丝转身，再想拉回来，成本会更高。随着自明星市场的发展，优质自明星的影响力在不断攀升，优质自明星的门槛也会越来越高。当其他自明星的粉丝数量标准由万级跳到十万或是百万级之后，如果你没有跟上步伐，持续打造优质内容，自然也就成为过气明星了。

定位不清、没有特色的自明星

自明星的表现形式多种多样，有的爆料评论、有的心灵鸡汤、有的技术分享、有的文化输出、有的社交活动、有的搞笑奇葩，甚至还有人负面炒作……自明星的行业更是五花八门，有 IT 互联网行业、娱乐八卦行业、实体产业、汽车工业等人士。但是，不管其表现形式和涉及的行业多么广泛，其核心点只有一个“自明星最大的价值就在于它的独特性和专注性，做自明星一定要形成自己的特色，没有特色的自明星是很难引起关注的。你今天讲这个，明天讲那个，用户是很难记住你的”。想要做一个成功的自明星，就必须选择一个强势的、擅长的领域持续深入，直至形成自己的风格特色，才能赢得粉丝的目光。

靠抄内容骗眼球的自明星

当前市场中有两种自明星类型，第一种自明星不做内容，只做平台和传播；第二种自明星既做内容，又做平台和传播。两种自明星的生存法则不同。前者需要超强的信息敏感性，能从海量信息中快速筛选出有价值的信息。同时还能与产出内容的作者保持良好的合作关系，持续找到符合自己特色的内容。就像是《罗辑思维》的罗振宇和他的合作者们一样。但是，如果第一种自明星转载的内容只是简单的抄袭，或者是标题党，就很难建立其自己的特色。也许可以短时间吸引别人的眼球，但从长远的角度，这种自明星类型没有什么竞争能力。

市场的竞争法则就是“优胜劣汰”，以上五种不符合自明星市场发展规则的自明星类型，经过时间的沉淀后，自然会被粉丝所摒弃，被市场所淘汰。所以，要想让自己成为一个“长盛不衰、持续走红”的自明星，就一定要避免让自己成为以上五种类型的自明星。

第二章

你是自带光环的自明星吗

哪些人最适合通过打造自明星，实现自己的最大价值呢？本章和大家聊聊玩转自明星的几大人群，也许你正被自明星 BlingBling 闪耀着的光环吸引着，但自明星是否适合你还是由你来定。

第一节　某个垂直领域有绝活的个人

想要成为自明星并没有那么简单，不是任何人都可以成为自明星的。成为自明星的前提条件是你在某个垂直领域有绝活，意思就是说你有着高于常人的职业技能。

案例：单桂敏，一个中医领域的自明星

单桂敏是位退休中医，退休前在中医领域就颇有声名。从 2006 年开始，她就一直坚持在 39 健康网写原创文章，几乎每天都会更新一篇与中医相关的文章。截至 2016 年 4 月 7 日，已经写了 2,747 篇文章，涉及的中医知识包括食物、针灸、穴位注射、艾灸、导药、中医儿科……几十个类型。如图 2–1 所示。

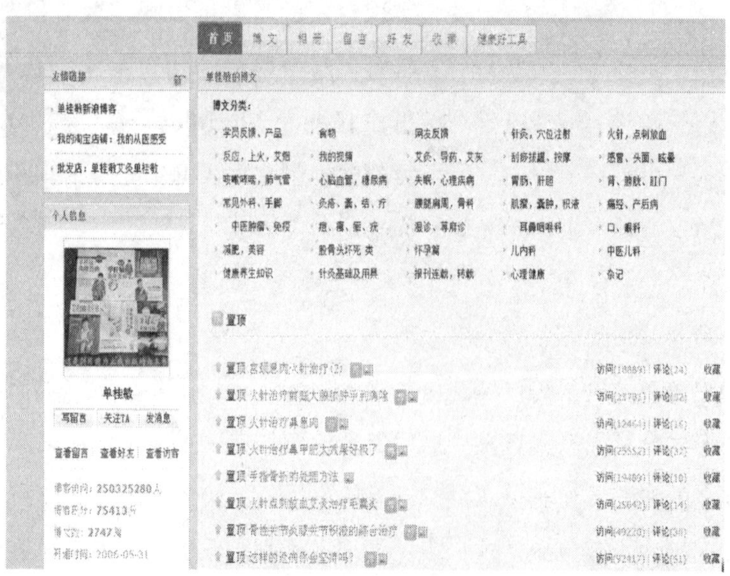

图 2–1　单桂敏的博客

从 2006 年坚持到 2016 年，这 10 年的时间，单桂敏不但积累了大批博客粉丝，还推出了几本关于艾灸治病的畅销书籍，同时还开设了淘宝店，并与河南仲艾堂合作开设健康养生馆加盟连锁店（图 2–2）。单桂敏无疑是 39 健康网最火的作者之一，是中医领域当红的自明星。进入 39 健康网，经常看到她的文章被置顶在首页，点击量也非常惊人。

图 2–2　单桂敏的淘宝店——“我的从医感受”

做自己擅长领域的自明星

很多人都想做自明星，但不知道如何下手。其实很简单，从自身入手就可以了。找找自己身上的闪光点，看看自己是否有特殊的技能，特别是垂直领域的技能。如果有，就从这个领域入手，把专业知识通过某个自媒体平台，用文字、图片、视频等形式分享出来。

例如单桂敏，她只是一位退休的老人，但她通过博客把自己擅长的东西用文字的形式分享出来，直接变成了艾灸治病的自明星。她是一位老中医，除了有专业的知识，还有多年的临床经验，因此，她分享出来的知识，有深度、可实际操作、有效果，这一点，是很多人都比不上的，也是她能成为自明星的重要原因之一，而成为自明星也让她迎来了事业的第二春。

领域还需要细分

想好你要操作的是哪个领域，吸引哪个领域的流量，成为哪个领域的明星后，还要注意一个问题，即每个行业领域涉及的范围都非常广，你不可能掌握该领域的所有技能。所以，选择好领域后，还要细分领域，把自己在这个领域最擅长的一面展示出来。就像单桂敏，她是一位中医，她所选择的领域就是经过细分的，她擅长中医，但中医领域很宽泛，可以分成很多种类，如中药食补、中药医疗、传统健身操等，而单桂敏选择的细分领域是“针灸、艾灸疗法”（图 2–3）。从这里，就可以发现，她的细化不是简简单单地入手一个领域，而是选择好一个领域后，在把领域里的行业细分，最后具体操作一个方面。

置顶

标题	访问	评论	
置顶 高颈息肉火针治疗(2)	访问(18910)	评论(24)	收藏
置顶 火针治疗前庭大腺脓肿手到病除	访问(23786)	评论(33)	收藏
置顶 火针治疗鼻息肉	访问(12464)	评论(16)	收藏
置顶 火针治疗鼻甲肥大效果好极了	访问(25556)	评论(37)	收藏
置顶 手指骨折的处理方法	访问(19489)	评论(10)	收藏
置顶 火针点刺放血艾灸治疗毛囊炎	访问(25644)	评论(14)	收藏
置顶 骨性关节炎膝关节积液的综合治疗	访问(49294)	评论(30)	收藏
置顶 这样的返病你会坚持吗？	访问(92427)	评论(51)	收藏
置顶 火针治疗痔疮（图文并茂）	访问(56565)	评论(34)	收藏
置顶 火针治疗鼻囊肿、鼻息肉？	访问(30117)	评论(23)	收藏
置顶 收获颇丰的海口之行（2）培训学员反馈	访问(41488)	评论(27)	收藏
置顶 火针治疗扁桃体肥大（5）	访问(32031)	评论(36)	收藏
置顶 火针治疗宫颈糜烂-单桂敏	访问(79221)	评论(71)	收藏
置顶 火针治疗口腔鳞状细胞癌	访问(26093)	评论(9)	收藏
置顶 再谈火针治疗腺样体肥大	访问(28289)	评论(32)	收藏
置顶 用艾灸控制了软骨母细胞瘤（0347）网友反馈	访问(25805)	评论(14)	收藏
置顶 网友反馈（0332）用艾灸控制脑胶质瘤术后水肿	访问(42096)	评论(13)	收藏
置顶 网友反馈（0326）艾灸帮我战胜很多疾病	访问(87721)	评论(45)	收藏
置顶 网友反馈（0272）多种方法治疗白癜风	访问(63640)	评论(23)	收藏
置顶 网友反馈 （0258）肾病透析的艾灸治疗	访问(57629)	评论(14)	收藏
置顶 艾灸使孩子的身体有了很大程度的好转	访问(125850)	评论(15)	收藏
置顶 火针治疗扁桃体肿大2	访问(48707)	评论(27)	收藏
置顶 网友反馈（0118）肝癌病人的艾灸	访问(104688)	评论(32)	收藏
置顶 网友反馈（0088）用艾灸治好了爷爷的食道癌	访问(102444)	评论(45)	收藏

图 2–3　单桂敏关于艾灸、针灸的博文

第二节　以淘宝店主为代表的个人电商

现在，淘宝店越来越不好做了，如果没有一定的资金实力，根本就无法和那些早早就进入淘宝行业或背后有大企业背景的淘宝店抢流量。资金实力不够，不能和其他商家抢钻石展位、拼活动；技术实力不够，无法和其他商家拼装修、拼图片；后勤实力不够，无法和其他商家拼库存、拼服务。那么，个人电商如何才能在电商领域打开一条生财之路呢？做自明星是个非常不错的选择，淘宝店主可以把自己打造成自明星，通过自身的魅力去吸引流量。

图 2–4　急诊科女超人于莺的微博

案例：急诊科女超人于莺的淘宝店

于莺是北京协和急诊科主治医师，她在 2011 年 10 月 7 日开通微博，微博名是“急诊科女超人于莺”。她的微博除了医学科普、业界调侃，还不乏爆料揭黑，她凭借幽默、犀利、大胆的语言风格，颠覆了正襟危坐的“白大褂”形象，迅速在微博上走红。截至 2016 年 4 月 7 日，她的微博粉丝数量已达到 305 万，在医生界算是粉丝数量很高的了。如图 2–4 所示。

不过，这位医生界的红人却在 2013 年 6 月份时候宣布“裸辞”，但是她的辞职却让她人气直升。辞职后不久，于莺就开了淘宝店，成为了一家母婴类淘宝店的店主。如图 2–5 所示。

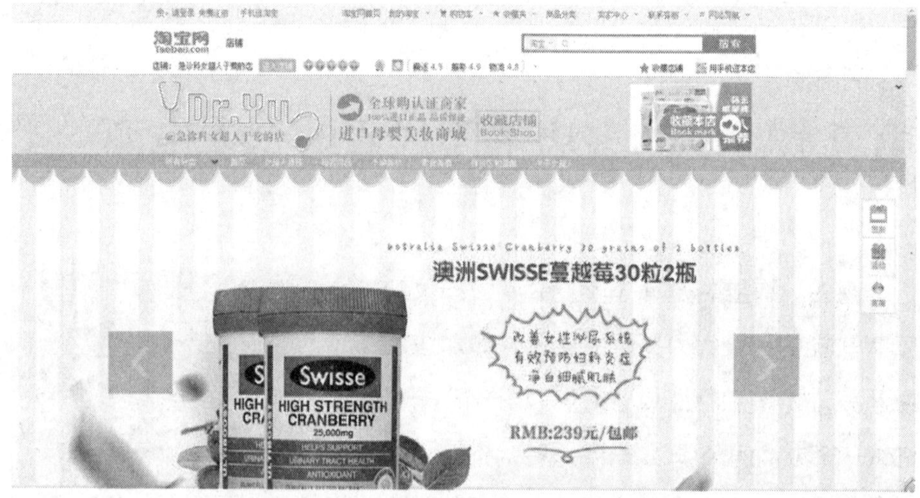

图 2–5 急诊科女超人于莺的淘宝店

于莺开通淘宝店的第一个月销售总额就达到了 70 万元人民币，远远超出她当医生的收入。而且用户基本上都是给好评，甚至有些粉丝即使没有需求，也会去买点产品，就是为了表达自己对于莺敢于辞职的敬意。现在，她还是一家私人诊所“美中宜和门诊中心”的 CEO。

自明星做淘宝店，自动带流量

上文讲过，现在做淘宝店实在太难了，想赚钱你就要在淘宝上烧钱做钻展、做直通车，也许到最后，投进的推广成本比赚到的钱还要多。各位做淘宝店的、天猫店的朋友，与其花费大量的时间、精力去做推广，倒不如用这些时间、精力和资金先把自己打造成一个自明星，然后让粉丝成为你的店铺流量。

这就像明星开店，先不用说其他消费者，单是明星的粉丝，听闻明星开了店就会自动去消费。像周杰伦在北京朝阳大悦城开的火锅店，任泉、李冰冰、黄晓明开的热辣一号……他们店的消费者中，粉丝就占了很大一部分。当然，淘宝上也不乏明星开设的网店，如薛之谦的网店、杜海涛的小熊家等。其实自明星开网店也是一样的道理，自己成为明星，有了粉丝，然后开设网店，粉丝就会自动去你的店里消费。比起走正常程序开网店，面对各个大型淘宝店家的围攻，自明星开网店则要轻松得多！

就比如于莺，如果不是拥有那么多的微博粉丝，如果不是她的辞职引来粉丝的好感，那么她的网店绝对不可能在第一个月就达到70万元的销售额。

电商3.0时代，是粉丝电商的时代

电商3.0时代以粉丝为核心，打造忠诚的粉丝体系是个人电商的最佳出路之一。随着互联网和电商的发展，个人电商在淘宝这种生态系统里面很难打造一个成功的品牌，其实，消费者在因需求而购买的基础上，还会因为个人对品牌的喜好而购买。就像是小米和阿芙，小米从不砸硬广告，所有的投入都是粉丝关系，以粉丝为核心，成功培养了数以千万计的忠诚粉丝体系；阿芙作为窄类品牌，通过互联网竟做成了淘宝化妆品类目第一品牌，这就是因为其创始人雕爷懂得粉丝经济，懂得先培养粉丝，再卖产品。

个人电商要获得成功，也要懂得粉丝的重要性，先培养粉丝再卖产品。但是个人电商不比小米和阿芙，没有大企业的支持。所以不如像于莺一样，先把自己打造成一个自明星，然后通过粉丝来卖淘宝产品，是最好的选择。

第三节　垂直电商

什么是垂直电商？垂直电子商务是指在某一个行业或细分市场深化运营的电子商务模式，它旗下都是同一类型的产品，且只面向某一类型的消费者。与之相对应的Genralist是指针对不同类别的消费者提供服务的综合电商。为什么说垂直电商也要做自明星呢？我们先来看一个案例。

案例：乐蜂网，曾经拥有最庞大的自明星队伍

垂直电商在经历了拼低价、抢货源、砸广告和盖仓库之后，媒体化和社区化的趋势正在加速前进，“平民明星达人”开始掀起了新一轮的粉丝效应。在众多垂直电商中，乐蜂网是最早开始使用“平民明星达人”的。刚开始乐蜂网只是一个小块业务使用“平民明星达人”，到最后，乐蜂网的“达人经济”已经变成其经营商业模式。其实乐蜂网的“时尚达人”就是自明星，只是当时自明星这个概念没有被提出来而已，不过与一般的自明星不同的是，乐蜂网的自明星不是一个，而是一支庞大的自明星队伍。

乐蜂网利用这群自明星在粉丝群体中的影响力，开发周边产品，带动粉丝消费，深度挖掘明星达人背后的经济效应。如图 2–6 所示。

图 2–6　乐蜂网首页

达人压缩营销成本

电子商务网站的模式一直都是“广告—流量—转化销售”，但现在，流量越来越贵，很多企业的市场营销成本占比的费用都在 20% 以上。所以，如何压缩营销成本，但又不能让流量降低，甚至还要获得更多流量，一直是垂直电商的难题。而且随着垂直电商越来越多，抢流量更加困难，成本也越

来越高。

而达人模式有效解决了这个难题。达人模式其实就是为消费者搭建展示平台，当每一个消费者都成了商品展示的货架，帮助他们放大声音也就等于拥有了众多传播渠道和导购员。从这个意义上来理解，其实京东商城早就建立了讨论区，让买家晒出自己的购物清单与心得，以供消费者互相参考；凡客诚品也设立了“凡客达人”专区，让达人用户成为一个个新品发布的节点。但是，这些电商都只是将达人模式作为一小块业务，而且并不重视。他们为消费者提供的页面设置和功能扩展都十分有限，很难通过消费者影响消费者，从而引导消费。所以，即使他们采用了达人模式，也难以降低他们的市场营销成本。

而乐蜂网则不同，乐蜂网把达人社区改为达人经济，把达人经济作为自己的商业模式。采用这个达人模式后，乐蜂网的市场营销成本压缩在 5%，这就是达人模式的巨大贡献。乐蜂网方面提供的数据也显示，从 2008 年到 2011 年，乐蜂网每年以 300% 的销售额增长，2012 年达到了 18.9 亿元，其中自有品牌整体销售额达到 4 亿元，相当于 1/4 的销售额贡献是来自达人经济。

低成本曝光省“粮草”

要做达人品牌是个战略，怎么做，却是个比战略复杂一百倍的战术问题。

外资化妆品大牌之所以市场占有率高，很大程度上就是因为他们重金投入电视广告、明星代言，因此拥有很高的知名度。

乐蜂网对此的应对方法是，开发明星达人，也就是除了打造“草根时代达人”之外，也开发演艺圈的明星达人。借助明星知名度和美誉度来增加自身的高光度。那么，乐蜂网是如何开发明星达人的呢？如图 2-7 所示。

首先，根据明星的生活态度和形象找到明星所具备的品牌态度；其次，找到和这个态度吻合的具有精神共同体的消费者；最后，找到或者开发一款产品去承载明星达人所具有的“品牌态度”，同时，还要建立一个可以分享，传播精神的平台。如图 2-8 所示。

图 2–7　乐蜂网的明星达人

图 2–8　乐蜂网明星亲研品牌

由此可以看出，乐蜂网的明星达人经济模式，并不是单纯借助演艺圈明星的知名度来推广自己的网站，而是根据明星的特质量身定做，进行长期的合作。这是在“做达人”，而不是“用达人”。

虽然现在乐蜂网已经被收购，如今的乐蜂网也不再将达人经济作为主商业模式，但是被收购是整个管理、运营模式的问题，达人经济模式曾经将乐蜂网推上了巅峰是不可否认的事实。

第四节　垂直网站

垂直门户网站从诞生开始就是相对新浪之类传统门户网站而言的。传统门户网站的内容广泛而全面，覆盖各行各业；垂直门户则专注于某一领域，如 IT、娱乐、体育、汽车等，力求成为某一领域或者地域的第一网站。例如，专注于 IT 领域的“中关村在线”，专注于汽车的“汽车之家”，专注于体育的“扑虎 NBA”等。从这些例子中我们可以看出，垂直网站其实就是锁定某类小众用户。

但是让垂直门户网站 CEO 痛苦的是，没有科技网站愿意报道他们，没有媒体愿意去宣传他们，因此很难吸引各类上下游资源的关注，更别说是流量了。那么，垂直网站要如何解决这一问题呢？其实，把垂直网站的 CEO 打造成自明星，一切问题就迎刃而解了！

案例：李想，汽车之家的发动机

李想，汽车之家的网站创始人，前任汽车之家总裁。李想可以说是 80 后的典型代表，也是垂直网站 CEO 自明星的典型案例。1998 年，李想还在上高中时就开始做个人网站。2000 年注册泡泡网并开始试运营，没过多久就完成了滚雪球式的资本积累，高中学历的李想让泡泡网在互联网行业中独树一帜。从那时开始，李想就成了学生创业、低学历创业的代表人物，并受到很多媒体的关注。2005 年，李想带领原团队从 IT 产品转型到汽车行业，创建了汽车之家网站。目前，汽车之家已经成为全球访问量最大的汽车网站，2012 年年底，汽车之家就达到了月覆盖用户 8,000 万（图 2–9）。汽车之家的成功，让李想在商界、在汽车行业的名声扶摇直上。2013 年 9 月 16 日，李想作为碧水队成员，参加江苏卫视举办的《赢在中国蓝天碧水间》节目，更让他被广大观众所熟知。2015 年 6 月李想卸任总裁后，继续担任汽车之家董事股东。但这并不妨碍外界对他是汽车之家代表人、发动机的认可。

图 2–9　汽车之家首页

汽车之家有如今的规模，可以说除了因为它能给用户提供高质的内容，还有很大一部分原因是因为粉丝对李想的关注。李想此时已然是汽车行业的意见领袖，也是创业者的精神领袖。所以，他一有什么动静都会引起外界的关注。也就是说，当他发表一些关于汽车方面的观点时，就会有很多用户因为关注他而关注汽车之家。而当汽车之家需要技术人才时，也会有很多人因为佩服李想的创业精神，而主动加入到汽车之家中。俨然，李想已经是汽车之家的自明星，有他的存在，很多上下游的资源都会自动靠近汽车之家。因此，在垂直网站纷纷走下坡路之时，汽车之家依然屹立不倒，且能快速向前发展。

做自明星，上下游资源会自动靠拢

垂直门户网站的 CEO 做自明星的好处非常多，主要体现在以下几点：

一、不用到处找网站发软文。找网站、找记者发软文，要花费不少的精力和金钱，而且凡是有点影响力的网站，对软文的审核要求都很严，很难通过审核。即使发了，这些软文也没有多少人看。但是，如果可以通过自明星的自媒体发布出来，就会有很多人浏览。不用经过任何网站的审核，想怎么发就怎么发，就像汽车之家李想的微博一样。如图 2-10 所示。

图 2-10　李想在微博上发布的文章

二、上下游资源会自动靠拢过来。其实当你成为某个垂直领域的自明星时，就成了该行业的意见领袖，意见领袖很容易吸引所在行业的上下游资源的关注。如很多汽车行业的专业人士，或是对汽车行业感兴趣的人就李想与雷军"密谋"干掉传统汽车?
搜狐汽车 2015年06月23日 08:02
李想为何与雷军、李斌携手密谋共同押注电动汽车,颠覆传统汽车格局?安全、动力等因素是构成交通工具的基础条件,就动力而言,内燃机经过多年的技术沉淀,掌握在少数传统车...
3条相同新闻 - 百度快照

李想:和雷军一起造电动汽车 江淮代工
网易科技 2015年06月17日 06:00
李想:和雷军一起造电动汽车 江淮代工 近日,汽车圈内盛传,汽车之家创始人、原总裁李想已经投资蔚来汽车。6月16日上午,他对媒体讲明了他与"蔚来汽车"的关系,...
22条相同新闻 - 百度快照

李想"开玩"新能源汽车 雷军、李斌入局
中证网 2015年06月17日 09:00
李想也向本报记者确认,蔚来汽车的投资人包括易车网董事长兼CEO李斌、小米科技创始人雷军等,但对相互之间的持股比例避而不答。本报记者从国内多家招聘网站了解到...
29条相同新闻 - 百度快照

刘强东最近很忙:刚见了雷军 又见董明珠
贵阳晚报 2015年11月16日 23:00
除见雷军和董明珠,刘强东还和汽车之家创始人李想、易车CEO李斌互动,近期一则几人的合影曝光。腾讯科技讯(乐天)11月6日消息,京东集团CEO刘强东最近很忙,就在京东...
22条相同新闻 - 百度快照

特斯拉换电失败 李想和雷军携"蔚来"搅局
OFweek 2015年06月25日 10:48
近日,来自不同渠道的报道称,汽车之家创始人李想、小米领导人雷军、京东、腾讯和高瓴资本以及易车网掌门人李斌等打算共同推出:5万元高端电动车——蔚来汽车,而且... 百度快照

图 2–11 关于雷军和李想合作的报道

会关注李想。就连小米科技 CEO 雷军也向李想抛去了橄榄枝。如图 2–11 所示。

三、容易聚焦核心用户。核心用户能够对你的网站产品贡献核心竞争力，CEO 做自明星，很容易让网站的普通用户对网站有比较全面的认识，从而这些普通用户就很容易上升为核心用户。

需要想明白的两个问题

其实，做得比较成功的网站 CEO 都是明星，例如汽车之家的李想，例如聚美优品的陈欧，例如京东的刘强东。那么网站 CEO 要做自明星，首先就要想明白以下两个问题：1. 你的自媒体要做给谁看？ 2. 给他们看什么？

就以汽车之家的李想为例来分析这两个问题：

一、李想的自媒体是做给谁看的？李想的自媒体就是做给汽车厂商、汽车经销商这些客户看的，同时也是做给普通汽车用户和汽车发烧友看的。前者，李想的目的是希望这些潜在用户对汽车之家有一个全面的了解，然后产生合作；后者则是吸引更多汽车用户关注自己，然后转化为汽车之家的核心用户，而吸引汽车发烧友则是希望他们能为网站创造更多的内容。

二、李想给汽车厂商、经销商看什么？汽车厂商、经销商不会只是单纯关注汽车信息，他们更关注的是把汽车卖出去。所以，汽车之家在内容上都是关于国内外汽车通过互联网营销的案例。这样他们在关注、转发这些案例时，自然也把汽车之家的网站给传播了。同时，也会写一些汽车之家和其他汽车垂直网站的不同点、优势和缺点。这样一来，汽车厂商在看文章时，就潜移默化地接受了李想的很多理念和信息。如图 2–12 所示。

图 2–12　汽车之家发表的文章

第五节　传统企业转型

这几年，传统企业受到互联网企业很大冲击。很多传统行业都在寻求出路，其间花费了不少金钱、时间和精力，其效果却不尽如人意，有些企业甚至一直处于亏损状态，这些企业至今找不到出路。不是所有企业都有像苏宁和海尔这样的实力和资金来支持自己的互联网转型。

除了实力不够之外，他们找不到出路的另一大原因，就是这些企业的高层思维还是传统思维，用传统思维来做互联网肯定是行不通的。对互联网营销不了解，只能瞎琢磨，花大量时间金钱来试错，而结果毫无意外还是错的。其实，传统企业想要往互联网企业转型，可以先从自明星入手，把 CEO 或者高层中的某一人打造成自明星。

案例：董明珠，格力制造的自明星

从 2015 年开始，格力董事长董明珠和美的集团董事长方波就开始打嘴仗，而且越演越烈。起因是 2014 年年底的时候，美的向小米定向增发了 5,500 万股股票，达到 12.66 亿元。随后，董明珠在出席一次活动的时候，炮轰了小米和美的。此次的炮轰事件引起诸多媒体的关注，外界对董明珠的关注又多了一层。其实，董明珠最早被公众关注和讨论的，是与小米雷军的 10 亿赌局（图 2-13）。虽然，此事也以小米开始做电视而不了了之。但却是董明珠“自明星”之路的起点。

2015 年上半年董明珠的一个举动受到全民关注，她决定推出格力手机，从价格、开机画面再到何时上市一路都被全民热议，甚至数次登上网络热搜榜。与其说大家关心格力，不如说是董明珠个人品牌的影响力巨大。如图 2-14 所示。

网页 新闻 贴吧 知道 百科 图片 视频 地图 文库 更多»

找到相关新闻约5,110篇 新闻全文 新闻标题 | 按焦点排序

雷军笑答与董明珠10亿赌局是否仍生效:去问董大姐
搜狐财经 2016年03月04日 11:10
雷军与董明珠今年两会再次"同桌" 看到格力手机说了什么? 自从雷军、董明珠两人的"十亿赌局"名动江湖以来,两人之间唇枪舌剑你来我往。2015年两会,在广东代表团抵...
6条相同新闻 - 百度快照

雷军被问10亿赌局是否仍生效:去问董明珠
新浪财经 2016年03月04日 09:40
中国经营报记者向雷军提问:"你们的打赌还生效吗?"雷军笑笑说:"你去问董大姐。"随后董明珠也在大会堂出现,中国经营报记者截住她问:"雷军说要问你是否生效。"... 14条相同新闻 - 百度快照

董明珠和雷军的10亿赌局:他们都输了
网易科技 2016年01月12日 08:42
(原标题:董明珠和雷军的10亿赌局:他们都输了)文/投资 水木然 还记得董明珠和雷军在去年打的一个赌吗?双方互相不服,当时"格力"属于强势,小米属于"得势"... 38条相同新闻 - 百度快照

与雷军10亿赌局像手机之后,董小姐又要进军新能源汽车行业了
虎嗅网 2016年03月07日 10:00
10亿赌局后的董小姐野心更大了? 与雷军约下10亿赌局后,董小姐马上带领格力进军...目前,格力的主营业务仍是空调产品的研发、生产、销售和服务,董明珠刚刚在中国企业...
20条相同新闻 - 百度快照

雷军参加节目可被问的都是董明珠
新浪财经 2015年12月28日 22:59
雷军来了,可是被问的都是董明珠......在《对话》现场,雷军来了的时候,台下掌声不断,可见得粉丝者得掌声,但是,因为最近董明珠和刘强东一张广告宣传实在太惹人眼球... 百度快照

[财经早报]董明珠谈和雷军10亿赌局

图 2–13 董明珠和雷军的 10 亿赌局在网上引起热议

价位区间：1500-2000元

1 格力董小姐手机 移动4G 参考报价：￥1600

2 格力董小姐手机 2 移动4G

参考报价：￥即将上市
主屏尺寸：5英寸 1280x72... CPU型号：高通 骁龙410（MSM891
CPU频率：1.2GHz 四核 后置摄像头：800万像素
操作系统：Android OS 4.4
详细参数 | 图片(5) | 用户点评(5) | 商家报价(1)

图 2–14 格力董小姐手机

除了不断地制造新闻，推出新的产品，格力在经过连续 3 年保持 200 亿元增长后，董明珠更是成为全民偶像，频繁出席各种活动，所到之处，更是有不少粉丝追随。按这种情况来看，董明珠已然成为传统企业的 CEO 自明星中的典型代表。

以自明星概念，把产品宣传出去

自明星的成本低，而且效果好，所以传统行业可用自明星的概念把自己的产品宣传出去。其实，传统行业做自明星是非常有优势的，因为多年积累下来的品牌影响力很容易打开市场，引发关注。自明星扮演的角色就和小米的雷军、苹果的乔布斯一样，吸引别人是非常容易的。

就像是格力做手机，如果不是以董明珠的噱头来做推广，谁又会知道格力手机呢？在这种外有苹果、三星强势压境，内有小米、华为围攻的情况下，格力手机前景堪忧。但是董明珠全程代言了格力手机之后就不同了，先不说销量，单是其知名度就提升了不少。

自明星可以吸引互联网人才

传统企业的 CEO 在做自明星的同时，也是一个自我营销、打造品牌的过程，同时也是给你的产品和企业做宣传的过程，一旦你吸引了很多粉丝，那你的粉丝里面肯定包含了各行各业的人才，其中就有传统企业最缺的互联网人才。这样，在往互联网转型的过程中，就不怕没有人才可用，像只无头苍蝇一样寻找外界的帮助。

自明星可以帮助企业发展渠道

很多企业发展困难，这是为什么呢？原因很简单，就是没有用户，没有用户的原因之一就是不会做营销。

很显然，现在太多的企业在营销方面出了问题。如果企业不擅长做这方面，那只要专注做产品就好了，至于利用自明星的概念去发展渠道的事，让专业的人来负责即可。

第六节 天使投资、VC

天使投资、VC为什么要做自明星？原因也很简单，因为天使投资、VC也需要名气，也需要粉丝，更需要资源。可以这样想一下，如果你手中有大笔的资金，想做一些投资，在股市等不稳定的情况下，做创业项目的投资无疑是最保险的方式。但是如果你没有名气，那些好的创业项目怎么会主动找上门来呢？因此，天使投资、VC做自明星是最好的方式。

案例：Star VC，自带明星光环的VC

相比于其他的VC投资机构，Star VC有着天然的优势，因为它本身就自带明星光环，是一个名副其实的明星投资团队。最初的Star VC成员是中国一线演员李冰冰、黄晓明、任泉，后来还加入了被称为电影票房50亿帝的国内顶级演员黄渤、国际知名女星章子怡。单纯就这些团队成员来讲，就已经是“星光灿烂”了。如图2-15所示。

有了明星光环的加持，Star VC一成立就在投资界、演艺界引起了不小的轰动。很多人都好奇，由明星组成的投资团队到底是玩票性质还是怎样。当然，结果也证明，Star VC不但不是玩票，而且还凭着明星优势，吸引了不少好的项目。对于创业者来说，在同等条件下，选择与Star VC合作不仅可以得到资金，还一并获得了明星的背书。即使他们不代言，凭借着他们的名气也能为自己获取不少流量，打开不小的知名度。如图2-16所示。

有了明星光环，好资源自然就会找上门

有了明星光环，自然就有了知名度，有了知名度，外界知道你手中有投资的资金，资源自然就会自动找上门。特别是对那些新手VC，外界不了解你，

图 2–15　Star VC 的官方微博

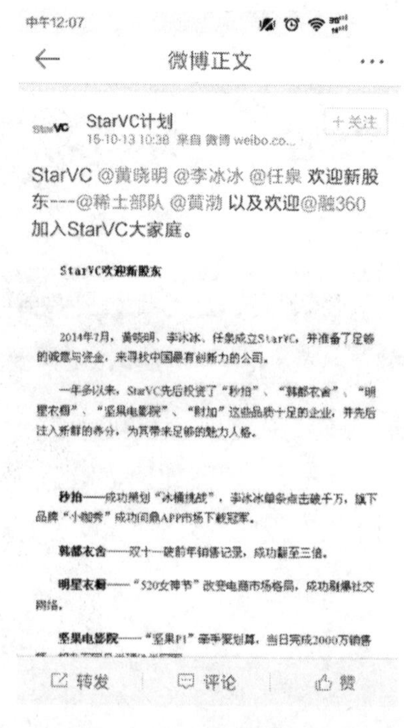

图 2–16　Star VC 的明星成员

不知道你，甚至不信任你，怎么会主动向你发投资邀请函呢？而传统 VC 要打开知名度，是需要经过一段时间打磨的。例如薛蛮子、徐小平等，这些投资界大佬，也是拥有了十几二十年的成功投资经验，才有了如今的名声、地位。当然，有了名声、地位之后，他们的手中自然不乏能为自己带来大笔投资利润的资源。

所以，新手投资人如果想一开始就有好资源找上门，走自明星道路是最好的选择。先把自己的名声打开，让大家了解你，知道你手中有资金，有独到的投资观点，这样，他们就会自动找上门来。

就像 Star VC，它的第一期资金规模只有 8,000 万元，预计一年投资不超过 10 个项目。但消息发出后不到 3 日，就收到了 1,021 份投资邀请函（图 2–17）。包括生活、健康、时尚等领域，甚至连韩都衣舍、果壳网、吉木盒子、圆通快递等拥有一定口碑的公司都向其发出了投资邀请。为什么一个新生的投资团队能拥有这么多好资源？这并不难理解，Star VC 因为明星特色而独

中午12:05

微博正文

StarVC计划
14-7-15 10:54 来自 360安全浏览器

感谢各位创业者对Star VC的信任与支持，截止到昨天，StarVC已经收到了1021份投资邀请函。我们将会在长微博中晒出一些让我们颇有启发的项目。当然，这只是诸多优秀项目的代表。无论晒出与否，我们都会平等地对待所有信任我们的创业者。感谢大家的信任！StarVC军情报一

转发 | 评论 | 赞

图 2–17　Star VC 收到 1021 份投资邀请函

具吸引力。而且选择在《罗辑思维》首发，也证明了这支新生 VC 的独特眼光和跨界力量，它并不是外界眼中的明星玩票行为下的产物。

自明星 VC 比传统 VC 更具优势

有投资界人士表示，如果估值一样，相比传统 VC，明星 VC 带来的市场营销价值更大。所以，相比较下，企业与明星 VC 合作的意愿自然更高。毕竟粉丝经济的威力巨大。确实如此，市场上多数带有自明星光环的 VC，他们投资的项目应该都是面向广大年轻人、偏向粉丝经济的项目和企业，更重视品牌运营与推广。在这方面，明星 VC 相较于传统 VC 更有优势，这也是传统 VC 无法竞争的一个超级入口，明星超高的人气带来了巨大的流量，而这些流量是可以变现的。明星 VC 为创业企业带来他们最需要的市场影响力，这也是传统 VC 做不到的，这也是好资源会找上有自明星 VC 的最大原

因之一。

这一点在 Star VC 身上体现得非常明显。在 Star VC 的计划中，列出了 5 类“不投”的企业：“不阳光不投、不大众不投、不需要品牌支持不投、对员工不好不投、影视公司不投。”同时，Star VC 还会对投资对象予以其他支持，如 3 位明星会长时间体验和评测产品，以个人人格背书产品品质。明星在粉丝心中都有一个非常好的形象，有了他们的背书，产品在市场的口碑自然会提高不少，用户会更容易相信企业的产品。同时，在宣传方面，他们也会适当参与，但不会做代言人（图 2–18）。对被投资的企业来说，有百利而无一害，这样企业又有什么理由不找他们做投资呢?

图 2–18 Star VC 的明星成员加入宣传

第三章

自明星的素质能力修炼

想成为一个自明星，也许会时时刻刻受到粉丝的膜拜，但在每一个关注你的ID背后，也是无形的监督与考验。无论是驻扎在哪个平台的自明星，也和真正聚光灯下的明星一样，背负着舆论带来的光环和随时可能潮涌的负能量。

第一节　打造自己的知识力

自明星和明星相同的地方就是粉丝影响力，不同的地方就是有些明星需要有颜值，特别是演偶像剧的明星，如果长得不够帅或者不够漂亮，那么肯定是当不上偶像明星的。而自明星不同，不管是哪种自明星，都需要才华，需要在某个领域有一定的绝活，是以知识、内涵来吸引粉丝的。特别是针对那些个人自明星。所以，想要成为自明星或是想让自己持续走自明星这条路，打造自己的知识力是非常重要的。

要打造自己的知识力，首先就要从个人知识管理入手。什么是个人知识管理呢？它是一种新的知识管理的理念和方法，能将个人拥有的各种资料、随手可得的信息变成更具价值的知识，最终利用到自己的工作、学习和生活当中去。通过对个人知识的管理，人们可以养成良好的学习习惯，增加信息素养，完善自己的专业知识体系，提高自己在自明星领域的能力以及竞争力，为实现个人价值和自明星模式的可持续发展打下坚实的基础。

案例：秦刚——自明星创造人的知识力打造

秦刚是自明星概念的提出者，现在，可以说是自明星培训界的第一人（图3-1）。那么，他是如何获得成功的呢？他并不是一夜爆红的，而是通过长期的分享自媒体、自明星知识，用知识的影响力去获得市场的关注，获得粉丝的认可。去看秦刚的自明星文章，写得都非常深入而且有道理，听完他的

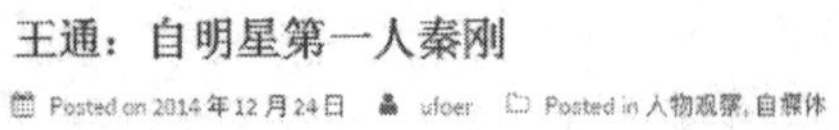
王通：自明星第一人秦刚

Posted on 2014年12月24日　ufoer　Posted in 人物观察, 自媒体

图 3–1　外界对秦刚在自明星领域的认可

讲座更是有让人茅塞顿开之感。能让粉丝有这种感觉，就是因为他对自明星模式的深入理解，并且有着他自己独到的观点和技巧。

他认为要做自明星，就一定要拥有渊博的知识，而知识是个长期积累的过程。自明星需要打造个人知识力这一点也是他提出来的，可见他对“打造知识”的看重。

第一步：搜集知识。

自明星提出的任何理论和技巧都不是凭空出来的，而是需要经过搜集大量的做自媒体的方法以及案例，并且搜集了多年自己所从事行业的资料和经验。

秦刚在提出自明星理论之前，花了一年多时间去搜集相关的资料，包括自媒体的方法和案例，还有他自己多年操盘垂直网站的资料和经验。

第二步：存储知识。

要做某个领域的自明星，就要搜集很多资料，比如文字、视频、音频。做个人知识管理很重要的一步就是把搜集到的知识存储好，这样才能在想要用时迅速找到。

秦刚的方法是让自己养成良好的文件命名的习惯。他在网上下载一篇文章后，会做好文档命名。他对《做自媒体的 3 个技巧》是这样命名的：“做自媒体的 3 个技巧—自明星专用—20150409”。他为什么要这样命名呢？因为加上“自明星专用”后，以后在搜索“自明星”这个关键词时，就可以马上找出这篇文章，并且通过日期还能知道是什么时候下载的。

第三步：加工知识。

我们都明白一个道理，下载到电脑里的资料如果不进行加工，那资料就只是资料，不是你能自由运用的知识。那要如何加工资料呢？我们可以把有用的文章浓缩成观点，然后在浓缩观点的过程中，更深入地去理解这些知识。

秦刚的做法也是如此，他在收集了大量资料之后，将这些资料进行——分析和整理，然后变成自己独特的观点。如王通采访秦刚的文章《秦刚：自明星会是真正的龙卷风》（图 3–2），从图中我们可以看出，秦刚在这个采访过程中提出了关于自明星的 14 个观点。如“自明星属于头脑风暴式的产物、自明星赚钱、卖产品、卖服务、卖广告”等等。这些独特的观点，都是秦刚通过对材料的不断加工得出来的。

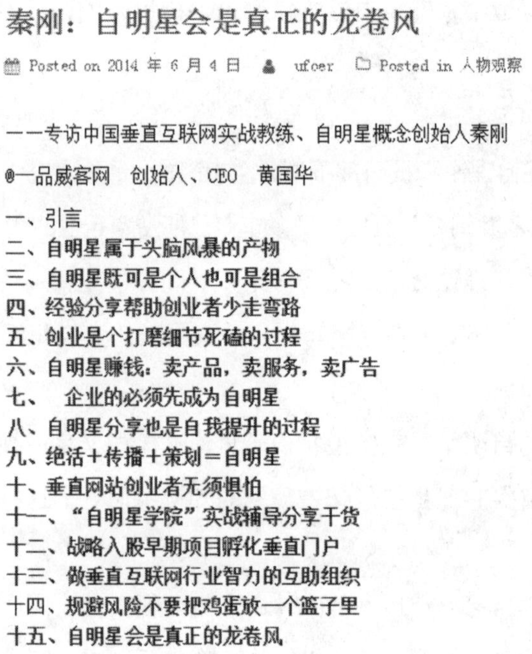

秦刚：自明星会是真正的龙卷风

Posted on 2014 年 6 月 4 日 ufoer Posted in 人物观察

——专访中国垂直互联网实战教练、自明星概念创始人秦刚

@一品威客网 创始人、CEO 黄国华

一、引言
二、自明星属于头脑风暴的产物
三、自明星既可是个人也可是组合
四、经验分享帮助创业者少走弯路
五、创业是个打磨细节死磕的过程
六、自明星赚钱：卖产品，卖服务，卖广告
七、 企业的必须先成为自明星
八、自明星分享也是自我提升的过程
九、绝活+传播+策划=自明星
十、垂直网站创业者无须惧怕
十一、“自明星学院”实战辅导分享干货
十二、战略入股早期项目孵化垂直门户
十三、做垂直互联网行业智力的互助组织
十四、规避风险不要把鸡蛋放一个篮子里
十五、自明星会是真正的龙卷风

图 3–2 王通采访秦刚的文章《秦刚：自明星会是真正的龙卷风》

第四步：使用知识。

对知识进行加工，不是为了显示自己学识渊博，而是为了解决遇到的问题，也就是说是为了使用这些知识。自明星可以在加工完相关领域的知识点后，每天用这些知识点去写一篇文章，然后把这些文章发布到各个论坛和博客上去。

秦刚每了解到一个关于自明星的新知识点之后，就会将之写成一篇文章，然后分享到自己的博客上。比如秦刚专栏 2016 年的一篇文章是《做好本地公众号的 3 个小招》，发表于 2016 年 1 月 6 日。如图 3–3 所示。

第五步：分享知识。

把学到的知识分享出去是有很多好处的，主要体现在两个方面：一是打造个人品牌。把自己知道的知识写成文章、做成视频分享出去，可以让更多

秦刚的专栏

http://qingang.blogchina.com

295 文章总数　113946 文章阅读数　516 支持数

秦刚，专注垂直互联网，99年从事垂直网站工作，历任太平洋电脑网总编，太平洋汽车网市场总监，IT世界网CEO, 39健康网联席总裁。qq和微...【更多介绍】

179

0

博客中国 > 社会

秦刚：干货，做好本地公众号的3个小招

作者：秦刚　2016-01-06 15:54　栏目：默认栏目

标签：干货 公众号 3个小招

图 3–3　秦刚专栏文章《做好本地公众号的 3 个小招》

的人知道你，形成个人品牌。二是提高学习效果。把别人教会是最好的学习方式。如果你想做自明星，就不要害怕自己的知识被分享出去，而要主动地、大胆地分享出去。正所谓“有付出，就有收获”，分享的知识越多，收获的粉丝也就越多。

第二节　勤奋是自明星的基础

“做一个勤奋的人，阳光每一天的第一个吻触，肯定是先落在勤奋者的脸颊上”“比你聪明的人还在努力，你有什么理由不努力”……这种关于做人、做事要勤奋、努力的励志句子数不胜数，这是心灵鸡汤，但它更是实实在在的真理。在这个世界上，无论你要做什么，如果你不勤奋、不努力是不行的。勤奋是一个成功者最基本的素质，懒惰的人永远不可能获得成功。所以，你想成为一个成功的自明星，勤奋、努力是必备的素质。

案例：吴蚊米，蚊子会的美女 CEO

图 3-4　吴蚊米的微博平台

吴蚊米，杭州蚊米电子商务有限公司总经理、蚊子会创始人、自媒体人；天下网商、虎嗅网、卖家刊特邀作者；原淘宝三皇冠女装掌柜。有多年电商媒体从业经验，擅长淘宝店铺运营实操，有“电商人中最懂媒体，媒体人中最懂电商”的美称。

吴蚊米于 2013 年正式注册成立蚊米电子商务有限公司，专注电商咨询；2014 年 1 月，吴蚊米和有“疯子王”之称的王俊桦联合圈内数百名具备实战的操盘手成立了“蚊子会”，电商圈首个专业一对一、面对面会员俱乐部由此诞生。

蚊子会成立后生意非常火爆。这些人除了是冲着已经在电商圈内颇有声名的操盘手和王俊桦而来，更多的人是被吴蚊米所吸引。而王俊桦和百位实战操盘手也是因为吴蚊米才加入蚊子会的。可以说，吴蚊米在电商界，已经是一位颇具名气的“自明星”。截至 2016 年 4 月 8 日，吴蚊米的微博粉丝达到了 34 万，在电商培训圈中已经算是人气很高了。如图 3-4 所示。

定期更新内容

自明星的成名之路都是通过什么样的方式实现的？多数都是通过自媒体

平台以文字、图片、视频的方式来吸引用户。比如一些从博客生长起来的自明星，就是通过文字的形式来吸引用户的。想通过文字来吸引粉丝，就不能抱着“三天打鱼，两天晒网”的态度，或是久久不更新，有心情的时候才去博客发表一篇文章。当你有心情时，粉丝早就不关注你了，因为对方早已失去了等待的耐心，也失去了当初关注你的狂热度，他们早已被更新鲜的内容所吸引了。

图 3-5 2016 年 4 月 7 日，吴蚊米一天就发表了两篇头条原创文章

所以，想要成为自明星，一定要勤劳，定期在自媒体平台上发表自己的文章、视频，以维持旧粉丝的黏性，同时吸引新的粉丝。前文提到的老中医单桂敏，她可是 10 多年不间断地在 39 健康网上发表文章，才有了现在的成绩。

吴蚊米也一样，为什么她一个年纪轻轻的女孩子能成为一位电商培训界的红人，能成为一家企业的 CEO，吸引到那么多粉丝的关注？勤奋和努力绝对是最大原因之一。当初她是各大知名网站特邀作家时，就从不懈怠，会定期在这些网站发表文章。即使是现在，她也从来没有停止在自己的微博发表文章。如图 3-5 所示。

别抄袭，要原创

很多人都想通过做自媒体变成自明星，但是为什么成功的人却那么少？其实，这些失败者很大一部分原因就是太懒惰，懒得去搜集资料，懒得去分析资料，懒得去写原创文章。所以，经常去转载和抄袭别人的文章。这样的自媒体，粉丝当然不会关注。没有粉丝的关注，自然就不可能有自明星。所以，如果想成为自明星，就千万不能偷懒。要花时间、精力去创造出属于自己的、有个性的、有新鲜感的内容。

就像吴蚊米，为什么她一发表文章就能有高点击率、高转载率？就是因为她不偷懒，每篇文章都是自己原创的，有着自己独到的观点。

第三节 专注，才有标签

如果问一个人："苹果产品在你眼中代表什么？"答案可能是："贵，但好。"这就是苹果的成功之处。当用户想要一个好的电子产品时，苹果就会成为他的首选品牌之一。这就是苹果的标签，一个产品若没有标签，也就失去了竞争力。

做自明星也是一样的道理，那么，现在来想想，你的自明星标签是什么？如果一个自明星没有标签，很不幸，那么你离真正的自明星还很遥远。对于自明星来说，有自己的品牌标识并不算成功。我们经常可以看到很多自明星都说自己是某某领域的专家，但是却依然没有人关注。这是为何？就是因为其没有独特的标签。那如何才能给自己贴上独特的标签呢？前提就是你需要有专注的精神。

案例：放牛哥，专注于微商的 QQ 空间自明星

放牛哥是从 QQ 空间成长起来的自明星，专注于微商信息的传播。现在是微商传媒的 CEO、微商控股有限公司董事长、微商十大核心导师、2015 年年度微商风云人物。如图 3-6 所示。

现在，除了 QQ 空间这个自媒体平台之外，放牛哥还开通了个人网站、个人微信公众平台。这种多方面覆盖平台，能帮助放牛哥更好地传播微商信息。

放牛哥从开通"在北京放牛"的 QQ 空间开始，就专注于微商信息的传播，

我们打开他 QQ 空间的说说和日志，会发现其内容都是与微商相关的信息（图 3-7），其他的自媒体平台也是如此（图 3-8）。就是因为放牛哥十年如一日

图 3–6　放牛哥的 QQ 空间

日志

切换到摘要 ｜ 发表时间

标题	日期（评论/阅读）
放牛哥：4-17聚会讲啥呢？	04-08 (2/489)
放牛哥：粉刷匠免费线下培训燃爆起！	04-07 (2/1507)
放牛哥：清仓，清仓，还是清仓！	04-06 (3/2362)
放牛哥：你有多少功，都白做了！	04-05 (1/1250)
放牛哥：如果我是宝妈，我就这样干！	03-25 (3/823)
粉刷匠：拿到产品以后怎么卖货？	03-23 (1/650)
放牛哥：做单品代理还能生存多久？	03-22 (1/517)
放牛哥：谈谈如何能把货卖出去？	03-18 (4/818)
放牛哥：今天讲3件事	03-17 (2/671)
放牛哥：粉刷匠故事征集，入编到书里	03-16 (2/464)
放牛哥：女孩子要赚钱做啥好呢？（内含重大福利）	03-15 (3/959)
放牛哥：微商传媒的地推之王，文东！	03-12 (2/1150)
放牛哥：你那破公司还有开的必要吗？	03-07 (7/2275)
放牛哥：一招就可以干到月销售300万	03-03 (5/4577)
放牛哥：月赚5万的小项目，快来铐皮	03-01 (8/4111)

日志分类
全部日志 (654)
个人日记 (654)

搜索日志
请输入关键字

2016年

1月	2月	3月	4月
5月	6月	7月	8月
9月	10月	11月	12月

图 3–7　放牛哥 QQ 空间的说说

图 3–8　放牛哥的微信公众平台

地专注传播微信信息，微商才成了放牛哥的标签，而且专业的微商培训师的形象也会吸引那些想做微商的用户来关注他，听他的讲座，买他的书。

专注一个标签的打造

如果你的自明星形象在业内不能算标志性的代表，那么你就不可能获得粉丝的关注。在这个时代，任何行业都呈现爆满状态，所以粉丝已经没有足够的精力去分辨哪一个自明星是自己要找的，所以如果没有一个简单清晰的标签，很容易对粉丝造成误导。所以，我们要强调专注，要化简为繁，给自己更准确的定位，让自己专注于一个标签。一个没有标签的自明星等同于没有定位，一个有多个标签的自明星也等同于没有定位。

就像放牛哥，他的标签定位就很清晰，就是 QQ 空间的微商自明星，并且只专注于这个标签的打造，并没有加入“电商”等其他信息的传播。

坚持到底，才能专业

不管你的最终定位是什么，都要将标签思维坚持到底，这样，你才会因为坚持专注一个标签，并将这个标签做到极致，做到比其他人更好。就像 QQ，如果当初它没有坚持做社交，那么现在占领市场的就不会是 QQ。做自媒体和做 QQ 一样，不管我们的核心业务周围会产生多少衍生产品，都必须保证最核心产品的标签是最明显的，是一直坚持打造的。即使要对产品和产品线进行调整，也要从标签开始，专注于将标签内容打造得更为精细准确。总而言之，无论怎样改变，核心的标签是不能变的，一定要坚持到底。

放牛哥的标签是微商，并且是从 QQ 空间成长起来的微商自明星。他在打造微商自明星这个标签时，扩展了很多自媒体的平台，但是，QQ 空间依然是他传播信息的首位，并且每天都在坚持。

第四节　敢为人先的彪悍风格

随着自明星越来越多，自明星的市场也渐渐呈现出饱和状态，几乎每行每业都有自明星的存在，而且数量还不少。那么，对于晚一步加入自明星市场的创业者来说，又该如何突围而出，让粉丝关注自己呢？答案很简单，那就是要拥有敢为人先的彪悍风格。

案例：艾克里里，登上时尚杂志的奇葩网红

艾克里里作为一个异军突起的奇葩网络红人，日前登上《时尚芭莎》，很多关注他的粉丝都说“艾克里里真的是飞上枝头当凤凰啦”，《时尚芭莎》是一个只有当红明星才能登上的国内顶级时尚大刊，而艾克里里能登上大刊，足以证明他的人气。如图 3–9 所示。

为什么艾克里里能成为网络红人，而且红到能登上时尚杂志的封

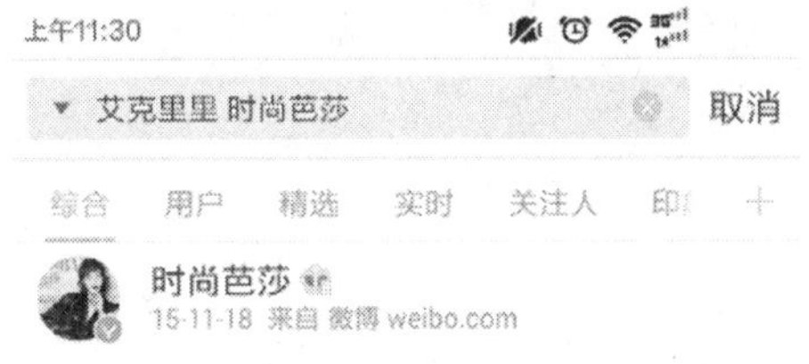

图 3–9　艾克里里登上《时尚芭莎》

图 3-10 艾克里里模仿小学生化妆的视频

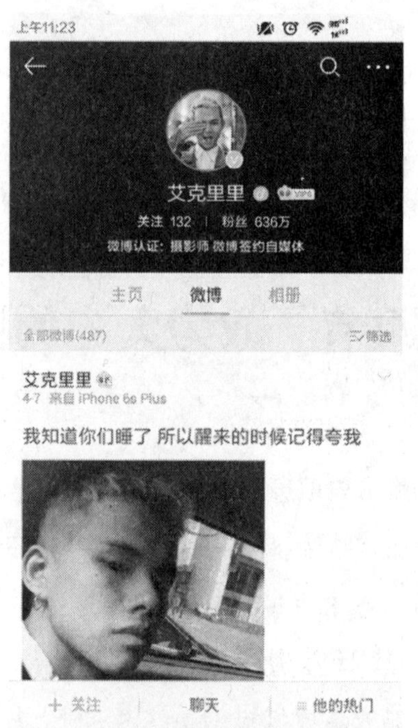

图 3-11 艾克里里的微博粉丝数量已达到了 636 万

面？就是因为他拥有敢于人先的彪悍风格，不怕丑、不怕骂地做了别人不敢做的事。艾克里里是以“挑战小学生化妆”视频出名的，视频内容非常奇葩搞笑（图 3-10）。艾克里里本身是一名职业摄影师，长相也颇为俊俏。但是为了达到预期的搞笑效果，艾里克克不惜丑化自己的形象，做出各种奇葩的装扮和表情。在摄影师这个行业中，很难有人能像他一样不顾形象。他除了放下身段搞笑之外，吸引粉丝关注的还有视频内容的创新性，他录制的每个视频都创新性十足，粉丝都能从中找到新的笑点。

就是因为艾克里里这种敢于为人先的彪悍风格以及勇于创新的精神，他红了，现在他的微博粉丝数量已达到了 636 万（图 3-11）。艾克里里除了成为一名网络红人，还登上了杂志，出席各大典礼。

做别人不敢做的事

要想成为一个真正的自明星，就要敢于为人先，做别人不敢做的事。特别是针对网络红人类型的自明星，如果你做过的事情大家都做过了，这也就代表粉丝早就看过了。因此，无论你的内容多好，粉丝也懒得点击了。所以，想要吸引粉丝的目光，让其成为你的粉丝，就要做别人不敢做的事情，“先出位，再出众”。

就像是艾克里里，他本身是一名摄影师，长得也很帅，但这并不是他成为网络红人的前提。他成为网络红人的前提是他敢做摄影师不敢做的事，敢于丑化自己“帅哥”的形象。别人不敢做的事情，他做了，粉丝自然就会关注他。

做别人没做过的事

做别人没做过的事就是创新。创新精神不管在哪个行业都是需要放在第一位的，特别是在今天这个日新月异、信息大爆炸、产品同质化越来越严重的互联网时代。只有创新了，粉丝才能注意到你，也唯有不断地创新，粉丝才能持续关注你。自明星也一样，也要懂得创新，去做别人没做过的事情，这样，粉丝才能从海量的同质化信息中注意到你。

就像是艾里克克，他做的就是没人做的事或很少有人做的事。他利用粗糙的化妆技术去调侃各种人士，同时配上搞笑、夸张的语音，让粉丝看后哈哈大笑。而且，艾里克克为了保持粉丝持续关注的热度，每隔几天就会发布一个搞笑视频，内容也是创新的、笑点十足的。如图 3–12 所示。

图 3–12　艾克里里的其他视频

第五节　强大的心理承受能力

心理承受能力是指个体对逆境引起的心理压力和负面情绪的承受与调节的能力，主要是对逆境的适应力、容忍力、耐心、战胜力的强弱。

自明星和明星一样会受到外界的赞扬，也会受到外界的批评，有时候甚至批评大于赞扬。特别是在现在这个媒体发达的时代，每个人都能在媒体上发言。所以，当自明星需要有很强的心理承受能力。如果你没有这种能力，伴随着你红起来而产生的争议就可能让你在自明星界做不下去。所以，自明星的心理承受能力一定要比普通人强大很多，因为他们面临的压力、争议也比普通人多很多。

图 3–13　杨冰阳的微博

案例：杨冰阳，屹立不倒的网络红人

杨冰阳，网名 ayawawa，拥有近 270 万的微博粉丝。她不仅拥有网红的颜值，还有情感专家、9 本畅销书作者以及两家淘宝店店主的头衔。她是一个很成功的网络红人，她的经纪人洪震对《每日经济新闻》的编辑说：“在‘网红几经迭代，各领风骚没几天’的当下，像杨冰阳这样保持热度超过 10 年的红人还很少。”据 2016 年的一份网红排行榜报告，在 2005 年凭借“比我聪明的人没有我漂亮，比我漂亮的人没有我聪明”这句话走红的杨冰阳，依然能排到第 24 位。

2005 年，杨冰阳就已经走红，现在已经是 2016 年了，11 年还能保持网红的热度，这在网红界很少见。杨冰阳之所以能保持热度，与她强大的心理承受能力分不开。网络红人更新速度快，很多都是因为承受不住外界的批评而自动退出的，但杨冰阳没有。当初成名句“比我聪明的人没有我漂亮，比我漂亮的人没有我聪明”一出，就受到了外界很大的争议，骂杨冰阳“厚脸皮、不要脸”的声音更是没有停止过。但杨冰阳依然以健康的心态、积极的态度去面对外界的争议。从她出版的书、微博内容、文章中都能体现出她正面、乐观、积极的生活态度。如图 3–14 所示。

图 3–14　杨冰阳发表的文章和点评

心理承受能力不好的人肯定是当不了自明星的。但心理承受能力的强弱不是天生的，而是可以通过后天锻炼的。所以，当自明星受到争议，觉得自己无法承受的时候，可以通过一些方式来提高自己的心理承受能力。

潜意识

例如用潜意识来提高自己的心理承受能力。比如在接受到外界的无理批评时，不断地告诉自己：“他们说的并不是事实，无须为别人而生气，走自己的路让别人去说吧。”每天这样重复这些潜意识的台词，时间久了自然会变成自己的一种生活观念和态度，面对非议时，也不会有太大的心理波动。这样，心理承受能力自然就增强了。

心理宣泄

人在不被他人所接受或受挫时，会产生很多负面情绪。这种情绪靠“堵”肯定是不行的，比较好的方式就是找一个合适的场合发泄出来。自明星也是人，因为工作的原因受的挫折往往更多，所以更需要发泄。我们经常看到一些自明星和网友在网络上对骂，就是因为该明星被网友非议后，产生了负面情绪没有宣泄出来，所以当心理上承受不住时就自然而然地反击了，然后结果便是其中一方非死即伤。所以，我们一定要把不好的情绪宣泄出来，可以通过唱歌、运动、和朋友倾诉等任何你觉得会让心里舒服的方法把负面情绪宣泄出去。

注意力转移

这个方法是指自明星可以把注意力从消极的事情上转移开来。遇到外界非议时，可以采取暂时回避的方式，去看电影、看电视、运动或阻绝外界负面信息的来源等，转移自己的注意力，这样就不会一直在负面情绪中沉浸下去。

反向思维

反向思维法，是指换个角度来看问题。自明星在遇到挫折时，要从积极的方面去想，从不利因素中找到有利因素，从而调动自己的积极性。例如面对大量的非议时，可以换个角度来看，比如不妨想“你不红人家还不黑你，就是因为你红，大家才会讨论你”等。

第六节　行销力、说服力、演说力

一个成功的自明星肯定有特别的地方或独特的技能。但是有几种能力却是所有成功的自明星身上所共有的。那么成功的自明星身上都具备哪些能力呢？答案就是行销力、沟通说服力、公众演说力。

案例：周大富，培养自明星的自明星教练

周大富，从事互联网工作多年，2009 年读大学时开始做个人站长，大学期间曾经利用课余时间做过东盟特产南百特淘宝店长，对网站建设运营、SEO 优化、全网营销、品牌运作等方向有专业、独到的见解，具有独立实操的能力。目前专注于研究自明星成名之道，包括自明星定位、自明星训练、自明星推广等技能，帮助有一技之长的人在互联网成名。其已经成功打造“金丝收藏家周老师”自明星，短时间内累计卖出金丝楠产品十几万件。

图 3–15　周大富的博客

周大富现在在自明星教练圈中非常火，他虽然不能和秦刚、王彤等人相比，但也绝对不会差太多。很多需要提升技能、培训推广的自明星都会去找他。

周大富是培养自明星的，但他本身就是一位自明星，而且是位非常有“魅力”的自明星教练，否则他也不会获得现在的成功。

行销力

行销力分为两个方面，就是营销和销售。营销是指自明星要营销你自己，让更多人了解你、认同你，为自己建立自明星的基础。行销你的技能、人格魅力、产品，让更多人认识你，这样才能吸引到更多粉丝。做自明星的最终目的是什么？当然是为了销售。所以，在成功地把自己营销出去之后，就要懂得销售。那销售什么呢？就是销售你的知识以及你打造的产品。例如讲座、自己出的书、会员等。

周大富是个非常有行销力的自明星。他非常懂得营销自己，把自己所擅长的东西展现在公众面前，通过软文、视频、电子书等方式向公众展现自己的长处。在成功地把自己营销出去之后，周大富又开始销售产品。现在周大富已经开始提供独立博客建设有偿服务，费用为 800 元 / 年；建站仿站服务，视难易程度收费，分为企业站、行业站、商城站；提供自明星技能、推广培训等。如图 3–16 所示。

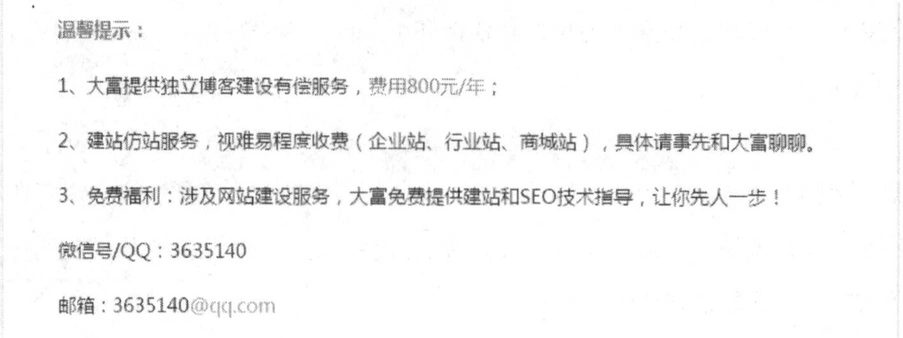

温馨提示：

1、大富提供独立博客建设有偿服务，费用800元/年；

2、建站仿站服务，视难易程度收费（企业站、行业站、商城站），具体请事先和大富聊聊。

3、免费福利：涉及网站建设服务，大富免费提供建站和SEO技术指导，让你先人一步！

微信号/QQ：3635140

邮箱：3635140@qq.com

图 3–16　周大富销售的部分“产品”

沟通说服力

说服力对于任何人来说都非常重要，对自明星来说也是一样。想成为一个自明星，既要学会如何魅力表达，也要学会如何与他人沟通。将一句简单的话说得更有可信度，对于一个自明星来说是非常重要的，具备这种能力，可以让你说服你的合作伙伴以及团队。自明星往往不是由一个人打造的，其背后有很大的团队，如果你无法说服来人才，那么你的自明星团队也很难组建成功。另外，具备这种能力，还可以让你说服粉丝。能将某个道理或技能说得用户心服口服，用户才会成为你的粉丝。

就像周大富，能成为自明星教练圈中的名人，其沟通、说服的能力肯定比一般人强。否则他不可能组建团队，吸引学员。

公众演说力

所谓公众演说力，顾名思义就是在公众场合面对公众发表言论的一种演说形式。简单地说，就是当众讲话，很多自明星的成功路径都是通过公众演说实现的。公众演说原本是运用在主持会议、媒体采访、公司培训、产品发布、企业宣讲上，现在，越来越多的人把它运用到自明星打造上。

具备公众演说能力可以为自明星凝聚人心、传播观念、呼吁行动；能以一对多的方式影响用户、批发式地销售你的产品或者理念，快速增加自明星的影响力和效用；公众演说也是最快提升个人信心、个人魅力、影响力的最有效途径。

公众演说力是成为自明星的必备条件。也许你一开始可能是通过分享文章、视频等方式来吸引粉丝的，但是当你达到一定的知名度时，肯定需要开讲座、公开演说。所以，有没有公众演说力就决定了自明星是否能长期维持下去。周大富显然符合这个要求。

第七节　商业化能力

做自明星是为了什么？肯定是为了商业。你看哪个明星不商业，哪个明星被包装出来只是为了玩一下？所以，做自明星一定要具备商业化的能力，也就是说要具备赚钱的能力，没有利润如何长期维持运营？

案例：王雪舟，一个很会赚钱的电商讲师

王雪舟，百度文库认证电子商务师（图 3–17），5 年电商实操经验，曾成功运作过宝岛眼镜、联合利华、上海电信等多个知名品牌，E 电商等多个电商平台认证讲师，专注电商商务和草根站长的新媒体博客多年。代表作

图 3–17　王雪舟百度文库认证电子商务师

《要做到像韩都衣舍 30% 的淘客成交，应该怎么招募淘宝客？》被天猫官方收录，作为商家培训教程。如图 3–18 所示。

百度为您找到相关结果约609,000个　　搜索工具

要做到像韩都衣舍30%的淘客成交 应该怎么招募淘宝客?(派代网)_搜...

做的最为出彩,最为知名的,莫过于韩都衣舍;小舟之前为了研究淘宝商家的淘客推广,也做了他们家一段时间的淘客;韩都衣舍家30%的淘客成交量,的确是...

www.sowm.cn/paidai/art... - 百度快照 - 评价

要做到像韩都衣舍30%的淘客成交 应该怎么招募淘宝客_百度知道

1个回答 - 最新回答: 2015年07月17日

[专业] 答案:目前招募淘宝客主要是到联盟官方论坛发帖的方式,也可以到一些淘客群找些合作,除了佣金的高低外,商品本身的基础销量和店铺信誉,也会影响淘客的选择。1、主...

更多关于要做到像韩都衣舍30%的淘客成交 应该怎么招募淘宝客?》的问题>>

zhidao.baidu.com/link?... - 百度快照 - 80%好评

要做到像韩都衣舍30%的淘客成交 应该怎么招募淘宝客?(派代网)

业内做淘客的商家,做的最为出彩,最为知名的,莫过于韩都衣舍;小舟之前为了研究淘宝商家的淘客推广,也做了他们家一段时间的淘客,韩都衣舍家30%的淘客成交量,...

bbs.paidai.com/topic/2... - 百度快照 - 83%好评

要做到像韩都衣舍30%的淘客成交 应该怎么招募淘宝客?_有心栽花花...

2014年6月11日 - 要做到像韩都衣舍30%的淘客成交 应该怎么招募淘宝客? 2014-06-11 12:53 星期三 业内做淘客的商家,做的最为出彩,最为知名的,莫过于韩都衣舍,小舟之前...

blog.tianya.cn/post-49... - V1 - 百度快照 - 89%好评

图 3–18　王雪舟代表作：《要做到像韩都衣舍 30% 的淘客成交，应该怎么招募淘宝客？》

王雪舟在电商培训圈非常受欢迎，他有一个博客名叫“雪言舟语”（图 3–19），其分享的电商技巧文章，每篇都有超过一万的点击率。王雪舟除

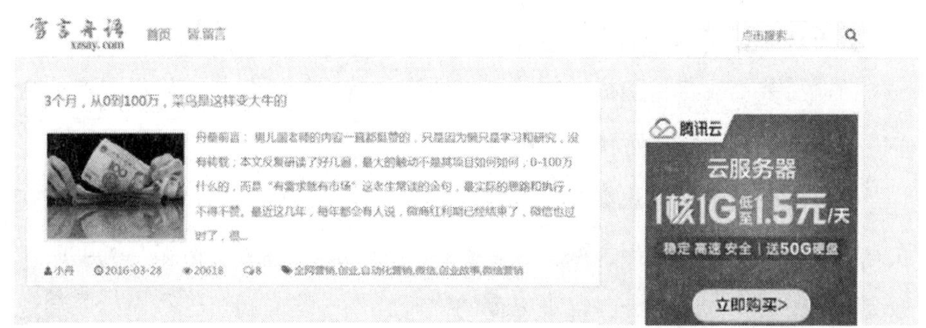

图 3–19　“雪言舟语”引入的腾讯云广告

了拥有非常专业的电商技能之外，其商业能力也非常强。他非常懂得利用自身的优势为自己创造最大的利益，除了培训、讲座、书籍的费用，王雪舟还在自己的个人网站中引进了广告（图 3–20）。现在，王雪舟从早期默默无闻的草根电商，现在已然成为收入不菲的电商界自明星。

图 3–20 王雪舟的"雪言舟语"个人网站

如何吸引商业合作机会

自明星要商业化，前提就是找到商业合作的机会。那么如何吸引商业合作机会呢？可以通以下两种方式进行。

一、主动出击。别想着窝在家里天天都有客户上门。如果想吸引客户，就要多出去"走走"，与大家交流，多帮助他人解决困难。例如有些电商没有流量，就会主动联系一些培训电商的讲师咨询一些问题。这些讲师就会免费提点他一下，甚至给他一些小礼物，让他先体验自己的好处。这样，下次该电商有需要该服务的时候就会找这位讲师。

二、多混社群。这个世界是由不同社群组合而成的，绝大部分的生意也都是在社群中完成的。所以建议每位自明星都要多混几个社群，花点精力在社群中互动沟通，这样自然而然就会增加商业合作的人脉。

现在，各种各样的商会、俱乐部非常多，每个圈子里面都有资源，多加入几个圈子，多多分享，分享得越多，你得到的机会也就越多。

王雪舟在早期也没有什么商业合作的机会，也曾有过很长一段时间无人问津的日子。但是王雪舟并不是个坐以待毙之人，在经过一段时间的沉寂后，他就开始主动出击。他积极地联系一些电商培训师，向他们讨教一些经验，与他们成为朋友。对于寻求帮助的电商新人，也尽自己最大的能力帮助他们。例如主动在留言板上回答他们的问题，帮助他们解决困惑等（图 3–21）。

留言　　目前有 65 条评

lx: 2014-02-17 下午 02:08:01

直通车关键词点击单价持续5元+，都烧到第一快一星期了，虽然都是10分，很现实眼看要退位

雪言舟语: 2014-02-17 下午 03:58:30 @Ta

@lx 一言以蔽之 优化点击率；精准时间 地点；展现最好是 单独列个计划优化；最重要的就是 时间 一般店铺 都是 三个时间段；我之前 做珠宝 和服饰；这三个时间点 都是150%-200%的比例；其他时间段 0-30% 控制死；还有 地点 北上广深 还有你自己所在的区域（不然你自己看不到）；

这和你 全时间段投放 差不多的钱

energy: 2014-02-17 下午 02:12:29

删除直通车计划重新开车质量分还是之前的质量分还是初始的？怎么快速提升直通车质量得分？

图 3–21　早期王雪舟回答网友的问题

即使现在成名了，王雪舟也保持着这个良好的习惯。如图 3-22 所示。

图 3-22　王雪舟个人网站的最新留言

除此之外，王雪舟还加了很多社群，并不局限于电商行业。他自己也主动建立了一些社群，吸引他人加入。

如何获得持久的商业合作

商业合作有两个概念是需要大家思考的：一是一锤子买卖；二是客户终生价值。一锤子买卖是无法长久的，但客户终生价值是巨大的，培养一个好用户比开发 10 个新用户的价值都大，因为这些信任是逐步建立的。

在这个建立信任的过程中，自明星要避免两个问题。一是虚假粉丝，很多自明星名气很低，但是粉丝数量却很大，其实其中有很多僵尸粉的存在，这种自明星是持久不了的，特别是一些微博上的自明星；二是太自以为是，人一旦出名，就很容易浮躁，浮躁之后就很爱“耍大牌”，或是漫天要价，或是服务态度不好。这样的自明星也无法获得长期的商业合作。这一点王雪舟就做得非常好。现在，他已经是电商培训界的红人了，但是，他并没有自以为是，觉得自己是大咖就要怎么样。现在，个人依然可以通过微信、QQ 直接加他为好友，无须再通过助理或是他人的渠道（图 3-23）。他在很多事情上，特别是对待客户和粉丝的管理上依然是亲力亲为。这一点，使他在电商培训界建立了很好的名声。除了商业合作不断，粉丝也在持续增加。如图 3-24 所示。

图 3–23 王雪舟的个人微信

图 3–24 不断有用户关注王雪舟的百度文库

多角度思考获得客户

持久的合作是建立在彼此尊重和多赢的基础上的，自明星如果想要获得更加持久的合作，获得更大的机会，可以站在多个角度为客户思考。这些角度包括以下三个方面：

一、客户角度。为客户大力推广品牌或产品，想办法超出客户的满意值。

二、粉丝角度。写出自己的个性观点，让粉丝有启发，从而让粉丝变成消费者、合作者。

三、自我角度。不断地提升自己的知名度和影响力，让更多的人知道自己、认识自己，从而让合作者赢得更多的利润。

第四章

制造自己的影响力

无论是星光熠熠的明星，还是为人敬仰的公众人物，甚至是国外的总统元首，他们个人形象所带来的巨大社会影响力，都是个人及其团队一笔宝贵的精神物质财富。那要如何来打造自明星的影响力呢？这一章就会为你揭晓。

第一节　清晰定位才能突破重围

什么是定位？大概的意思就是确定某一个事物在一定环境中的位置，比如说产品在市场中的定位、人物在组织中的定位、物品在某一地理位置的定位等。而自明星的定位则是人物在社会上的定位，是某一领域专家身份、地位的定位，比如老板、老师、创业者等。

案例：秋叶，专注 ppt 的 office 自明星

秋叶，office 界的牛人，是当红的 office 办公软件的自明星。但是秋叶并不是做所有的办公软件培训，他只做 ppt 的培训。为什么他的自明星定位不包括 word 和 excel？

首先是因为秋叶对办公软件感兴趣，而且也擅长这方面的运用。而他为什么只选择做 ppt 呢？是因为他认为做得太多就会散，一散就会显得不够专业。而且自己也没有那么多的精力，做所有办公软件的技巧分享和培训。要知道，这些软件包含着无数技巧，例如 word，很多人都以为 word 只是用来打字的工具，但实际上远远不止如此，还有 excel，单是公式就够让人头疼的，ppt 也是一样博大精深。所以，精力和技术上的限制都只能让秋叶专注于一项。

还有一点是秋叶把自己定位于 ppt 领域自明星的原因之一。word、excel、ppt 这 3 种办公软件，ppt 是应用得最为广泛的，几乎每行每业都会用到它，word 和 excel 运用的范围就相对比较小了。

了解自己，才能做好定位

很多人都说定位很难。有人之所以觉得难，是因为没有充分认识到自己，没有深入地解剖自己。每个人身上都有闪光点，每个人都有自己的兴趣爱好，之所以说有人不会定位，是因为没有掌握方法。我们可用以下几个步骤来找到自己的闪光点：

首先，了解一下自己，问问自己到底做什么才感到开心。自己做什么感到愉悦是很重要的，如果你现在每天工作 8 小时已经够焦头烂额了，那么工作自然会变成一种心理负担。所以，自己喜欢做什么是很重要的。如果自己不够了解自己，可以问问你的朋友和家人，问问他们平时你都喜欢做些什么，因为有时候自己在做一件喜欢的事情时，会完全沉浸进去，自己却完全没有察觉那是喜欢。

图 4–1　秋叶的微信公众号

其次，要考虑一下你做这件事情的可行性。如果你现在的条件无法满足自明星创业，就要进行适当的调整。

最后，先多样尝试一下，如果你的爱好和擅长的东西比较多，可以把每一种都试试，看看自己最喜欢、最适合做哪一种。

六大行业，自明星细分定位

每个行业都有自明星，但是要做到像秋叶一样专业就需要进一步细分了。现在就以以下 6 个行业为例，看看这些行业如何进行细分。

一、网络营销自明星。现在已经有海量的网络营销方面的专家和名人，如果你给自己的 LOGO 还是网络做营销专家，那么你肯定会居于下风，因为他们早已占据了一方领域，很难有你的立足之地。想要突出重围，可以按照以下几个分类定位：第一种，IM 营销自明星。现在的论坛营销竞争性较小，成为这方面自明星的成功率相对较高。第二种，问答营销自明星。定位在这个方面的自明星搜索率会相对高一些。第三种，分类信息营销自明星。主要的平台是针对 58 同城、赶集网和百姓网。第四种，图片营销自明星。这需要掌握一定的 PS 技巧以及设计功底。第五种，活动营销自明星。现在活动营销往往容易被人忽视，但是未来的发展却不可限量。第六种，电子邮件营销自明星。需要借助邮件群发功能，需要有一定的写作功底。

二、英语自明星。现在很多人都在学习英语，这个领域的自明星虽然竞争比较激烈，但是一般的英语高手都不擅长通过营销来树立个人品牌。如果你既懂英语，同时又掌握了品牌营销的方法，那么成为这方面的自明星是个非常不错的选择。可以按以下几种类型细分：第一种，英语单词记忆自明星。词汇量至少达到托福或者雅思 8,000 的标准，最好是 GRE 的 2 万词汇标准。第二种，英语阅读自明星。要求能快速阅读英语原版文章和书籍。第三种，英语听力自明星。至少能听懂美剧 80% 的内容。第四种，英语翻译自明星。翻译分为口译和笔译，至少要掌握其中一门技能。

三、外贸营销自明星。外贸营销人员可以算得上是真正的金领，这方面的自明星很少，所以竞争压力比较小。但前提条件是英语要好，还要懂营销。外贸营销自明星可以分为：第一种 Wordpress 自明星。这种自明星要比 Z–blog 复杂很多，需要懂一些网站编程、插件安装、主题设计以及 SEO 优化方面的知识。第二种是外贸 EDM 自明星。EDM 自明星是最为常见的外贸营销方式。第三种是 SNS 营销自明星。Facebook 和 Twitter 是国外的主流即时聊天工具，因此，如果想成为 SNS 营销自明星第一人，就要充分掌握上面两个平台的运营技巧。第四种是 Google ADwords 自明星。类似于国内的百度竞价排名，需要掌握关键词设置以及出价技巧。第五种是 Youtube 营销自明星。要求熟练掌握视频制作的技巧，这也是传播力度最大的自明星市场。

四、历史自明星。历史不是历史学家的专利，如果在某一个点上有 1% 的想法，就可以成为这方面的自明星。主要可以细分为以下几种：先秦自明星、秦朝历史自明星、汉朝历史自明星、欧洲史自明星、日本史自明星、科技史自明星等。

五、旅游自明星。旅游市场的前景非常好，随着人们收入的不断提升，旅游人越来越多，很多人都想详细了解国内和世界各地的人文地理和旅游知识。因此旅游自明星可以做以下定位：国内各个省份的自明星、亚洲各个国家的自明星、欧洲各个国家的自明星、美国各个地区的自明星、非洲各个国家的自明星。

六、投资自明星。现在不仅是全民创业的时代，也是全民投资的时代。如果你在这方面有很高的造诣，就可以做这方面的自明星。可以做以下定位：股票自明星、期货自明星、基金自明星、VC 自明星、房地产自明星、外汇自明星等。

第二节　精准定位自己的粉丝人群

自明星也和产品一样，也是需要精准定位粉丝人群的。面对的粉丝人群不对，那么就无法产生有效的粉丝经济，吸引到的也只是僵尸粉。同时也会产生另外一种情况，就是不管你分享的内容多好，多有价值，就是没人看，没有人关注。所以，做自明星之前精准定位自己的粉丝群是非常重要的。

案例：马睿，关爱八卦成长协会的八卦自明星

《关爱八卦成长协会》是一个自媒体视频，专门爆料娱乐圈的各种内幕（图 4–2）。因为节目的新颖度和准确性，所以颇受一些用户的喜爱，点击率很高。马睿是这个节目的创办人兼主持人，这档节目红了之后，他也红了。

马睿，原本只是湖南卫视旗下一位名不见经传的小主持人，后来他感觉在电视台闯不出什么名堂，于是辞职自己创办了一个自媒体视频——《关爱八卦成长协会》。这档节目现在已经是点击率最高、知名度最大、最受用户认可的八卦节目之一了。而有现在这样的成就，很大一部分原因是因为马睿

关爱八卦成长协会 综艺

标签：内地 脱口秀

主持人：马睿

电视台：腾讯综艺台

简介：简介：关爱八卦成长协会

立即播放

分享到：

剧集列表 2016年 3月 2月 1月 播放源：

图 4–2 《关爱八卦成长协会》媒体平台

关爱八卦成长协会会长助力马拉松 人人追着叫老公

中国日报 2015年11月02日 11:06

11月1日,杭州马拉松(简称"杭马")在风雨中枪鸣开跑,现场天气恶劣,湿冷的天气再加上低温,对每位参跑者来说无疑都是不小的挑战。马睿表示,这是关爱八卦成长... 16条相同新闻 - 百度快照

讲座报名 | 关爱八卦成长协会凭啥拥有800万小老婆

搜狐 2016年03月01日 23:44

重要的事情说三遍,本周四21点讲座、本周四21点、本周四21点,大家不要记错了哦。回复【报名】查看报名方式。微互动丨wihudong 本讲座由微互动独家发起 未经允... 百度快照

专访关爱八卦成长协会会长马睿:八卦是牌匾,它代表攻击、快乐与...

站长之家 2015年11月04日 16:40

原本只是一个娱乐自媒体的关爱八卦成长协会(以下简称"关八"),在频频最先爆出娱乐圈猛料:郑爽胡彦斌恋情、唐嫣绯闻,并与叶璇开撕之后,迅速成为妇女之友,并拥有了一

3条相同新闻 - 百度快照

独家专访关爱八卦成长协会会长马睿:八卦是牌匾,它代表攻击、快乐...

创业邦 2015年11月04日 14:45

创业邦逗比研究组张永迪 标签: 八卦马睿逗比 原本只是一个娱乐自媒体的关爱八卦成长协会(以下简称"关八"),在频频最先爆出娱乐圈猛料:郑爽胡彦斌恋情、唐嫣绯闻... 百度快照

图 4–3 网络上关于马睿的新闻

对于粉丝人群的精准度抓得非常准。

从筹备节目之初，马睿就对粉丝人群做了定位和调查。比如说自己的节目是哪些人看？看节目的粉丝大概都在哪个年龄段？这些粉丝都有哪些素质？能产生什么效应？这些粉丝都有什么爱好？做好了这些调查之后，马睿才对节目进行定位，并以这个定位为核心开始筹备内容。

自明星的内容适合哪些人看

先看看自己的内容适合哪些人看，一般自明星都是某个领域内的自明星，所以，只要找到和这个领域相关的用户就好。比如你是英语自明星，那么就可以把粉丝人群定位为英语学习的人群。《关爱八卦成长协会》的内容就适合喜欢追星、关注娱乐圈的年轻女性观看，这类女性平常喜欢看一些娱乐报道、微博上的内部爆料等。

看内容的人大概在哪个年龄段

每个领域内针对的人群都不同，如果是健康养生方面的内容，针对的人群则是老年人居多；如果是一些 IT 技术领域的内容，针对的则是 30 岁左右的人居多。所以，在定位粉丝时，还要看粉丝年纪大概都在哪个年龄段。因为每个年龄段的粉丝特点不同、爱好不同、对内容的接受度也不同。《关爱八卦成长协会》的粉丝大多都是在 20 岁至 30 岁之间，这个年龄段的粉丝正是娱乐圈的主流粉丝，关注八卦的程度比其他年龄段的粉丝更深。

会看自明星内容的通常都有哪些特点

会看你内容的粉丝都有哪些特点。例如，时尚搭配方面自明星的粉丝，一般都是年轻女性，这类粉丝不管是素质、经济、购买能力，都很符合自明星的要求，而且这类人的穿着都很追求时尚，并有一定的攀比心理。

《关爱八卦成长协会》马睿的粉丝有些正在上大学，有些已经参加工作，但是都有大量的时间来关注节目的内容，并让节目的内容产生持续的效应，扩大《关爱八卦成长协会》以及马睿的影响力。

这类群体都有哪些习惯和爱好

看看自己的粉丝平常都喜欢做些什么，例如喜欢通过哪种媒体工具来阅读或者沟通。比如目标人群喜欢刷微博，那么就可以在微博上打造一个自明星来吸粉，如果目标人群喜欢通过微信朋友圈阅读，那么就可以建立一个微信公众号吸粉。这样吸引起粉丝来就会快速且精准得多。

马睿吸引粉丝的渠道有三个，第一个是视频，第二个是微信公众号，第三个是微博。他为什么要建立三个内容传播的渠道，就是因为《关爱八卦成长协会》的粉丝正好也是这三个自媒体渠道的主要粉丝，他们平时就喜欢通过视频看节目、看电影等，微信和微博更是人手必备。如图 4-4、图 4-5 所示。

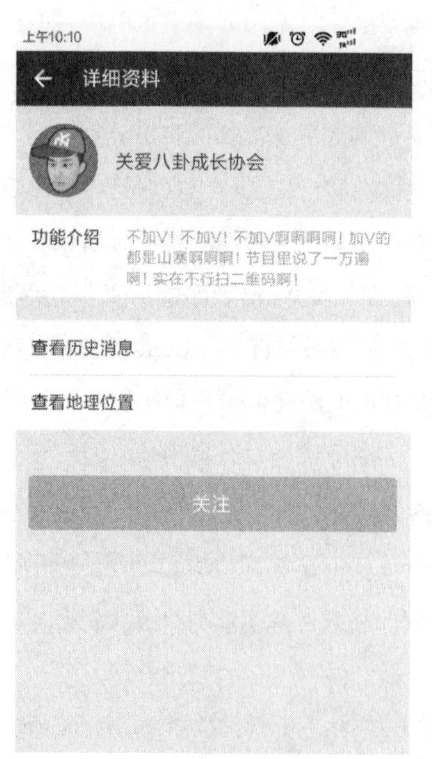

图 4-4　《关爱八卦成长协会》微信公众号

图 4-5　《关爱八卦成长协会》的微博

第三节 打造自己的自明星故事

很多自明星原本都是普通人，除了身边的人之外，根本没有什么关注度。所以想要成为自明星，并迅速赢得别人的关注其实是很困难的，需要一步步地打造、长时间地积累（除了一些依靠奇葩的创意手段之外）。那么，自明星们该如何解决这个问题呢?

案例：褚橙，水果行业的励志明星

“名人 + 水果”的经销模式，有不少人使用过。例如地产大王潘石屹、联想掌门人柳传志，但这种模式的第一人却是曾经的中国烟王褚时健，他在 2011 年推出以自己姓氏命名的“褚橙”。“名人 + 水果”的模式十分流行，其背后的故事也一样精彩。

75 岁第二次创业，85 岁带着褚橙进京，褚时健的精神让很多人都敬佩不已。褚时健是中国最具争议性的财经人物之一，他曾经是中国有名的“烟草大王”。褚时健在巅峰时期落马，2002 年，他因为严重糖尿病被批准保外就医，此时的褚时健已经是 75 岁的老人了。褚时健出狱的第一年就承包了 2,400 亩荒山，这些荒山刚刚经历过泥石流的洗礼，一片狼藉，当地的村民都说这是“鸟不拉屎”的地方。但是，这些困难并没有阻碍他，他反而带着妻子进驻荒山，脱下西装，穿上农民的劳作服装，昔日风云无比的企业家完完全全成为一个地道的农民。同年，当时万科地产的掌门人王石来到云南，特意抽时间专程去看褚时健。王石当下也对这位 75 岁的老人表示敬意。如图 4–6 所示。

6年后，第一批褚橙面世，但是其口感并不好，褚时健费尽心思对此做了改良，经过多次摸索，终于让褚橙的酸甜比例保持在符合中国人口味的1 : 24。

褚时健和他的褚橙

年轻时，褚时健义无反顾地参加革命，却因反右不力被打成右派；60多岁创造了“红塔帝国”神话，年创利税近200亿元，被称为“中国烟草大王”；在自己人生的巅峰之际，因贪污罪被判无期徒刑，一夜之间身陷囹圄；2002年服刑中的褚时健因严重的糖尿病获批保外就医；人们都以为这样已经是这位老人家最好的结局，没想到74岁的褚时健在云南老家承包2400亩荒山开始种植冰糖脐橙，重新踏上创业之路，自此为世人带来了美味的褚橙，也让褚时健再次成为传奇。

甜橙的挂果期需经6年，这意味着不遭灾害，也要等到他80岁时才有收益，作为重病老人，6年里会有多少不测发生我们不知道，我们只知道，6年后，这个坚守生命的老人，把冰甜的橙子推上了市场，2012年通过生鲜电商本来生活官方网站把褚橙送到了北京。

图 4–6　褚橙和褚时健的故事

2010 年，褚橙正式上市，很快风靡昆明的大街小巷。当时就有媒体报道称，“褚橙”12~13 元每斤的出厂价，明显比市面上 10 元 3 斤的价格要高出许多，但它却很快就卖完了。之后的几年，云南市面上其他大小品牌的橙子，都会或多或少地避开褚橙上市的时间。

2012 年和 2013 年，褚橙先后通过电商把市场打进了北上广（图 4–7），励志橙受到了很多人的热捧，更是出现了排队购橙的情况。很多人都在热议“褚橙，是一种境界”“尝的都是精神啊”，就连万达董事长王健林都坦言：“如果自己到了 75 岁，很难有褚时健那样的精神。”

用故事来包装自己

自明星该如何利用故事来传播自己，包装自己呢？如拾八排山茶油，历时 48 天，行走 700 公里，为深山村民送去山茶油，让村民的身体得到良好

图 4–7 褚橙在本来生活网售卖

的改善，让新生儿免去了病痛的烦恼……听故事是每个人的天性，现在信息爆炸、广告更是铺天盖地。“酒香不怕巷子深”这一条理论在如今这个时代早已不适用，所以，自明星一定要懂得用故事来包装自己，自明星所蕴含的背景故事是吸引粉丝关注的动力。毫无疑问，一个好的故事所创造出来的价值是无法衡量的，它会一直保留在互联网。人在动，但故事不变，关于你的自明星故事会源源不断地为你吸引新粉丝。

褚橙的故事就是如此，褚橙这个品牌之所以能成功，能卖得这么好，就是因为褚时健打造了一个好故事，一个非常励志的故事。通过互联网的传播，这个故事被无限放大，被越来越多的人都看到了。如图 4–8 所示。

以自己的创业经历为故事材料

自明星的故事，应以自己的创业经历作为故事的核心材料。例如你在创业过程中遇到了哪些事情，经历了哪些困难，自己又是如何坚持下来的……

这些都是一个故事的好材料。

褚时健就是以自己的创业经历为故事材料，重点宣传了他 75 岁创业以及途中遇到种种困难的故事。这样的经历是真实可信的，而且充满励志能量，更能让人感动。不止网友评价吃褚橙是一种精神，就连王健林、王石、柳传志等名人都表示了佩服和赞赏，并在微博上表示了自己已被褚时健的精神所感染。如图 4–9 所示。

图 4–8　网络上关于褚橙的报道

图 4–9　王石在微博上表示了自己被褚时健精神所感染的微博内容

给自己加点“传奇”色彩

给自己加点“传奇”色彩，并不是说你要怎么夸大事实，而是加点每个人身上都具备的色彩。例如毅力、坚韧不屈、勇往直前、敢于破釜沉舟……然后把其中的一个点放大。这样的“传奇”色彩是粉丝最爱看的，因为他们会产生“如果我努力了、我坚持了，其实我也做得到的”的感觉。有了这种感觉，粉丝自然会关注你，其黏性也会提高。

褚时健身上的精神其实很多人都有，例如不想被命运打败、不畏惧苦难、不怕辛苦、勇往直前、敢于破釜沉舟等。所以，当褚时健的故事一出来，很多人都被感染了，他们都会觉得其实如果我也这样，也能有如此成就等。

第四节　制造事件出奇制胜

现在是快餐时代，人们上一刻钟还在关注这个点，下一刻钟就会被另外一个事件吸引了眼球。变化虽然很快，但这对自明星行业中的后来者来说却有很大的好处。只要制造一个事件就能得到粉丝的关注，特别是一些网络红人，最喜欢的就是用这种制造事件的手段来获得关注，而且成功的案例不在少数。

案例：妖妖小精，世界上最帅的逆行

2015 年 8 月 12 日晚 11 点 30 分，天津滨海新区瑞海公司所属危险品仓库发生爆炸。事故发生后，伤亡惨重。除了现场受伤群众难以撤离之外，还有一批人义无反顾地奔往现场，不顾生命危险抢救人民的生命和财产安全，他们就是最勇敢的消防员。如图 4-10 所示。

为向消防官员致敬，网友 @ 妖妖小精 13 日即时在微博上传了一幅调色的漫画——“世界上最帅的逆行”，感动无数网友。短短一小时内，微博被转发了近 20 万次。网友纷纷在留言区为消防员点赞，并祝愿他们能平安归来。即使事情已过去半年，网友对这张图片的关注依然很高。截至 2016 年 4 月 18 日，该图片的转发量达到了 70 万，评论量 7 万，点赞量 45 万。如图 4-11 所示。

妖妖小精就是因为如此简单但又充满诚意和尊重的一幅漫画，在微博上红了起来。当天，妖妖小精和“世界上最帅的逆行”就上了热搜榜第一名和

网页　新闻　贴吧　知道　音乐　图片　视频　地图　文库　更多»

百度为您找到相关结果约1,650,000个　　　搜索工具

8·12天津滨海新区爆炸事故_百度百科

2015年8月12日23:30左右,位于天津滨海新区塘沽开发区的天津东疆保税港区瑞海国际物流有限公司所属危险品仓库发生爆炸。截至2015年9月11日下午3点,天津港"8·12"...

baike.baidu.com/item/8路12蠹十触婊儿捣镙...2016-4-9 -百度快照

天津塘沽大爆炸_百度百科

天津塘沽大爆炸2015年8月12日晚23：30分左右，天津滨海新区第五大街与跃进路交叉口的一处集装箱码头发生爆炸，发生爆炸的是集装箱内的易燃易爆物品，现场火光冲天，附近居民能听到巨大爆炸声，中国地震台网测报，周边相邻的河北河间、肃宁等地均有震感。事故现状 截止到8月15日事故造成85人死亡，400余人受伤。习近平对天津滨海新区危险品仓库爆炸事故作出重要指示...

baike.baidu.com/

天津塘沽爆炸_百度图片

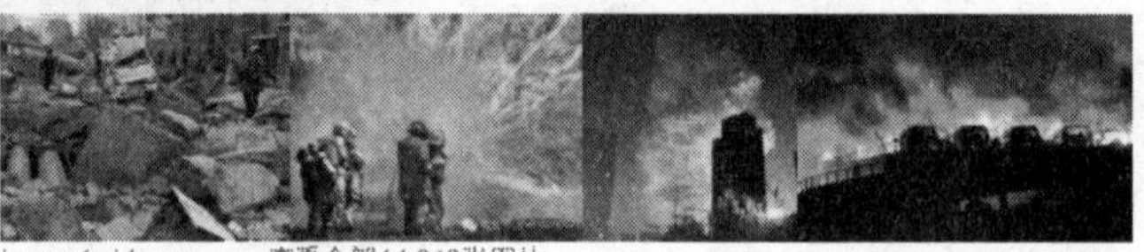

image.baidu.com - 查看全部14,212张图片

图 4–10　2015 年 8 月 12 日 天津塘沽发生大爆炸

上午9:25

世界上最帅的逆行　取消

她的微博（1条结果）

妖妖小精

15-8-13 来自 iPhone 5s

世界上最帅的逆行

70万　7万　45万

图 4–11　妖妖小精即时在微博上传的调色漫画——世界上最帅的逆行

热门话题第一名，网友对它的讨论热情非常高（图 4-12）。很多网友因此对妖妖小精就多了一份关注，现在她的微博粉丝量已经达到了 422 万。如图 4-13 所示。

图 4-12　网友对“世界上最帅的逆行”的讨论

图 4-13　妖妖小精的微博粉丝量

制造事件，要先了解事件

自明星要成功地制造一个事件，就先要了解什么是事件，什么是事件营销。事件营销于企业而言，是指企业通过策划、组织和利用具有名人效应、新闻价值以及社会影响的人或事件，引起媒体、社会团队和用户的兴趣与关注，以求能提高企业或者产品的知名度、美誉度，从而打造良好的品牌形象，并最终促成产品或服务的销售目的手段和方式。对于个人宣传来说，同样适用。

简单地说，事件营销就是通过把握新闻的规律，制造有新闻价值的事件，同时辅以具体的操作，让这一事件得以传播，最终达到广告的效果。

事件营销是国内外十分流行的一种公关传播与市场推广手段，是集新闻效应、广告效应、公共形象、形象传播、客户关系等众多因素于一体，并同时为新产品推介、品牌展示创造机会，建立品牌识别和品牌定位，形成一种快速提升品牌知名度以及美誉度的营销手段。

例如妖妖小精本身只是一名普通的漫画爱好者，平时就在微博上分享有关漫画的信息。天津塘沽爆炸事件发生后，她也非常关注。所以，在对此次事件做了深入的了解之后，了解到除了群众之外，最受关注、最让人揪心的还有消防官兵，因此，画出了一张能表现消防官兵勇敢、不怕牺牲的漫画图片。由此获得关注。

事件营销的切入技巧

自明星要打造一个成功的事件来提升自己的影响力，切入点是非常重要的。只有从用户最关心的事情入手，营销事件才能打动用户，实现营销目的。我们可以从以下几个点切入：

一、借势：所谓借势，就是指及时抓住广受关注的社会新闻、事件以及人物的明星效应等，然后结合自明星本身的特点，在传播上为达到宣传自己的目的而展开的一系列相关活动。也就是说，自明星可以通过评价一些热点事件来提高自己文章、视频的点击率。

二、明星：明星是社会发展的需要与大众主观愿望相结合而产生的客观存在，自明星虽然也是明星，但是和演艺圈的明星却不一样，特别是那些知名的明星，他们的影响力非常广泛。所以，借用明星的力量来提高关注度是最有效的方式之一。

三、新闻：自明星可以利用社会上有价值、影响力较高的新闻，不失时宜地将它与其他品牌联系到一起，来达到借力发力的传播效果。

四、造势：所谓造势，就是指自明星可以通过策划、组织和制造具有新闻价值的事件，吸引媒体、社会团队和粉丝的兴趣和关注。

五、舆论：自明星通过相关媒体合作、发表大量介绍和宣传企业的产品或服务的软性文章，以理性的手段来传播自己。关于这一点，很多自明星都看到了并且非常重视。此类软性宣传文章现如今已经大范围，甚至大版面地出现在各种相应的媒体上。

妖妖小精的“世界上最帅的逆行”采用的就是“借势”的切入点，她借的是“天津塘沽大爆炸”的势。全国人民、全国媒体，甚至很多国外的媒体都在关注此次事件（图 4–14），而妖妖小精虽然是借势，但并没有恶意炒作自己的嫌疑，反而还让人感觉到她对消防员的关心、钦佩，所以，她的借势很成功。

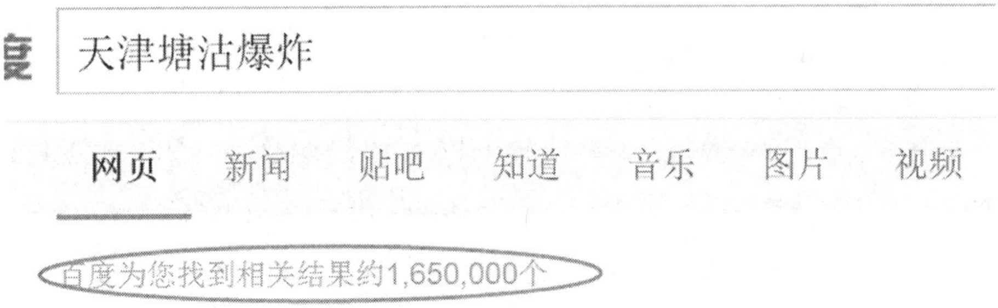

天津塘沽爆炸

网页 新闻 贴吧 知道 音乐 图片 视频

百度为您找到相关结果约1,650,000个

图 4–14　百度搜索“天津塘沽爆炸”相关结果早已达到了 1,650,000 个

寻找新闻材料的原则

制造事件时，一般都会选择在社会上新近发生、正在发生或是新近发现的能引起公众兴趣的重要新闻。事件营销是一种投入产出效益非常可观的营销手段，但是很多自明星在运用新闻事件上还很陌生，不知道要找哪种类型的新闻当作事件营销的材料。其实道理很简单，只要把握以下几个原则就足够了。

一、新闻要典型。新闻要有代表性和显著性。

二、新闻要有趣。新闻要有让公众感兴趣的点存在。

三、新闻要新鲜。新闻应提供与众不同的信息。

四、新闻要稀缺。新闻应该是难得一见、鲜为人知的事实。

五、新闻要贴近用户。越是贴近用户，新闻性就越强。

六、新闻要有针对性。选择新闻材料时，要紧扣事件的主题。

七、新闻要有实效性。要在第一时间对事件做出反应。

妖妖小精寻找的新闻事件就完全符合上文所述的要求，首先，新闻够新。她在事件发生的第二天就发布了漫画图片，此时人们对天津塘沽的关注正处于最高峰；其次，新闻也够典型。灾难性事件的代表性和显著性不言而喻；再次，新闻贴近用户。天津塘沽爆炸事件全国人民对此非常关注，只要是与此次事件相关的人都会注意到；最后，新闻有针对性。妖妖小精推出的漫画针对的就是此次事件的主人公之一——消防官兵，而且还抓住了他们工作时的特点以及他们所具备的精神。当所有人都在撤离火灾现场时，他们却在不断前进。

事件营销的操作技巧

一个成功的事件营销包含无数的技巧，需要注意很多细节，主要可以概括为以下几条：

一、不盲目跟风。成功的事件营销不是随便跟风就能学来的，自明星的事件营销也是如此。不能看这个自明星制造事件的方法火了，就盲目去用，关键还要看自己适不适合这种方法，要针对自己的实际情况做有效结合并实施。

二、符合新闻法规。事件营销一定要符合相关的新闻法规，不能越位。

三、事件与品牌关联。事件营销无论怎么策划，都要和自明星所要打造的品牌相关联，而且最后一定要对品牌起到宣传的作用。

四、控制好风险。在策划一次营销方案之前，一定要考虑到风险的要素，控制好风险，千万不要对自明星造成负面影响，所有的推广都应该是为自明星品牌做加法。现实中，其实有不少自明星为了吸引粉丝眼球做出很多奇葩的言论或负面的事情，虽然这样的事件能暂时博得用户眼球，但对自身形象却没什么好处。

五、不断尝试。在事件营销实施的过程中，不一定都是顺风顺水的，大众对事件的关注程度不一定和策划时想象的一样。所以自明星想成功，很重要的一条就是戒骄戒躁，坚持实施，不断尝试。

第五章

六点驱动维护粉丝关系

想要实现自明星的商业价值，维护粉丝是其中最为重要的一环。在实现粉丝经济的整个商业模块中，没有粉丝就无法形成商业变现，整个链条就无法完整。一言以蔽之，没有粉丝就没有自明星。

第一节 以痛点抓住粉丝

我们经常看到很多自明星大力地去推广自己的自媒体，却发现粉丝增长并不明显，也就是关注的转化率不够。究其原因，往往是自媒体推广的信息曝光了，但用户没有立即关注。是用户关注的动力不大？还是你没有用合适的方式告诉用户？或者是自媒体的内容不够吸引用户？这些都是影响最终关注转化率的核心问题，也是自明星们最容易忽视的问题。那么自明星吸引粉丝的痛点是什么？下面我们先来看一个案例。

案例：李叫兽，直击用户痛点的“教授”

上午10:12

× 李叫兽

【李叫兽】当我反对自嗨文案时，我在反对什么？

原创 2015-06-09 李靖 李叫兽

当我反对自嗨文案的时候，我反对的是什么？

上周整理了一场演讲，并且发了图文《你为什么会写自嗨型文案——顶尖文案5周年分享演讲》，没想到被流传甚广，还触动了一些人的神经，纷纷撰文为"自嗨文案"辩护。

那么这次我就说一下：**写互联网产品文案**

图 5-1 李叫兽《当我反对自嗨文案时，我在反对什么？》文章内容

你知道 Y 型文案、X 型文案是什么吗？那么，你知道最近网络上很火的那篇《当我反对自嗨文案时，我在反对什么？》的作者是谁吗？是的，就是李叫兽。如图 5-1 所示。

那么这个李叫兽到底是谁？他为什么能这么火呢？李叫兽，真名叫李靖，擅长无数理论和商业分析，大学就读武大经管院，大四时就被保送清华大学经管学院，曾在埃森哲战略咨询部、网易网站部实习过，还曾担任过五大经管外联部长。那么，本该是一个在大企业中就职的人，为什么会成为一个自明星呢？而且走红的速度还这么快。

究其原因，还是他在知乎上的著名回答戳中了大家的痛点。确实，其实去看李叫兽的微博、微信，所有相关的商业思维分享，都体现出了这一点——直击痛点，并解决痛点。如图 5–2 所示。

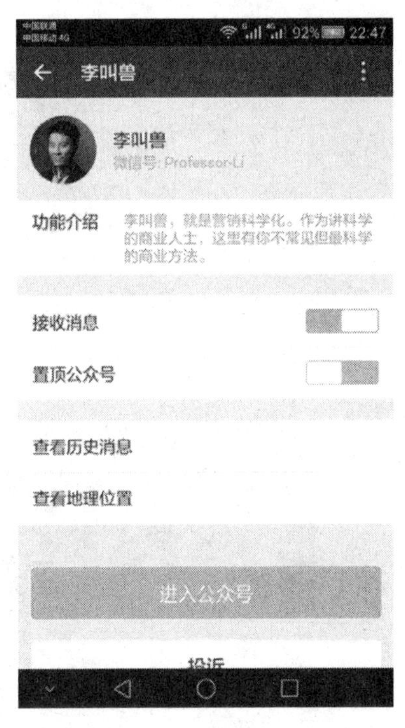

图 5–2　李叫兽的微信公众号

那么他是如何直击用户痛点，并帮助用户解决痛点的呢？就以《当我反对自嗨文案时，我在反对什么？》，就直接击中了当下许多文案人的痛点。很多文案人都有这样一个共同的问题，自己感觉文案做得不错，创意、文字、图片使用都挺出色，但就是没有什么流量，或者是有流量却没有转化率。李叫兽在这篇文章中就直接指出了他们的痛点，并道出了痛点产生的原因——自嗨。什么是自嗨呢？就是文案人自己觉得好，觉得已经抓住了用户的需求，觉得自己的文案肯定能引发用户的购买欲，但实际上却并不是这样，这就是自嗨。李叫兽同时在文中指出了文案人为什么会写出自嗨型的文案（图 5–3），并说出了如何避免自嗨的方法。最后，李叫兽还直接道出六种自嗨型具体的类型，让文案人可以按照这六种类型来检验自己的文案是否属于自嗨型。如图 5–4 所示。

从这篇关于文案的文章中，我们可以发现李叫兽的文章都能直接指出用户的痛点，并且还为解决痛点提供了方法。这就是李叫兽能迅速成为自明星的原因。

给粉丝一个关注的强劲理由

给用户一个关注的理由，是所有企业在想着增加粉丝的时候必须要思考的问题。用户关注你，一定有他的刚性需求，除此之外还需要有点价值能不

为什么你会写这样的自嗨文案?

这源于每个人（包括李叫兽自己）脑中根深蒂固的思维陷阱——我们经常高估别人对自己的了解程度和重视程度。

心理学家们已经用实验证明了这个事实。

1990年，美国斯坦福大学的Elizabeth Newton召集了一大批志愿者，做了一个简单的游戏。

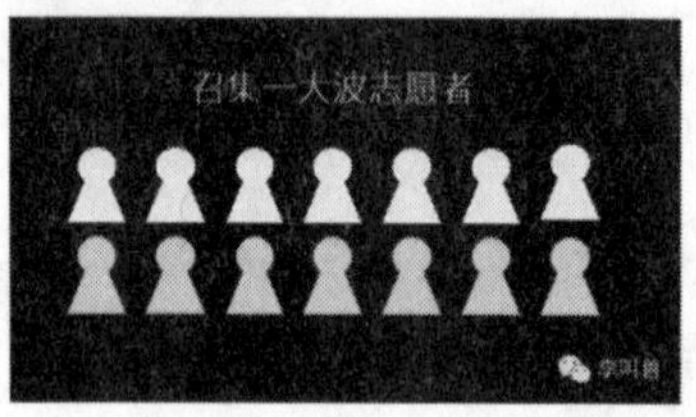

在游戏中，志愿者分别扮演"击节者"和"猜歌者"两类角色，其中击节者拿到一份歌曲的清

图 5–3　李叫兽发布的文章内容（一）

最经常的自嗨现象是：我们假设对方具有跟我们一样的背景知识，从而直接跳过了"想办法让用户理解"的过程。

比如这个文案"智能伴侣、极致经典"，我想这句话肯定描绘出了作者内心的感受。但是作为一个浏览网页的用户，我根本不知道这是什么东西。

图 5–4　李叫兽发布的文章内容（二）

让他讨厌，这样他就会关注你并持续关注下去。

许多自明星没有分清刚需求和弱需求，常常自认为粉丝会需要，并且加入很多价值点，还以为是多多益善，结果粉丝看不到核心的价值自会离去，或者只是吸引了部分边缘粉丝。其实，自明星在打造自媒体内容时，首先要针对某个粉丝群体，这些群体能从你的内容中解决一些他的刚性需求。其次，就是再多提供一些价值，但是价值点不能一下子提供得太多，比如在一篇文章或者视频中包含了太多的东西，这样粉丝根本不知道你想表达什么。做到这一点，自明星就等于给了用户一个关注的强劲理由，既能解决自己的刚需，又能得到某些价值，有哪个粉丝不会关注呢?

李叫兽显然是把这一点做得非常好，他给了粉丝一个关注自己的强劲理由。我们去看李叫兽的文章，显然，他把上文所述的内容都包含到了其中。他的自媒体内容针对的都是利用互联网工作的，吸引包括微信公众号的运作

人、文案人、网店店主的流量，2016年4月他还写了一些关于“网红”的文章。其次，虽然整体来看，李叫兽提供的内容很广泛，但是仔细分析我们就可以发现，他是一个时间段一个主题的，他于2016年4月12日到19日发布两篇文章，其主题都是关于“网红”的（图5–5）。这足以得见，李叫兽给粉丝提供的价值点很集中，不分散，而且每篇文章也只写一个主题分类内容，如这篇《网红自媒体，最大的价值不是流量，而是……》，就是围绕“网红真正的需要”来写的。如图5–6所示。

图5–5　李叫兽发布关于网红的文章

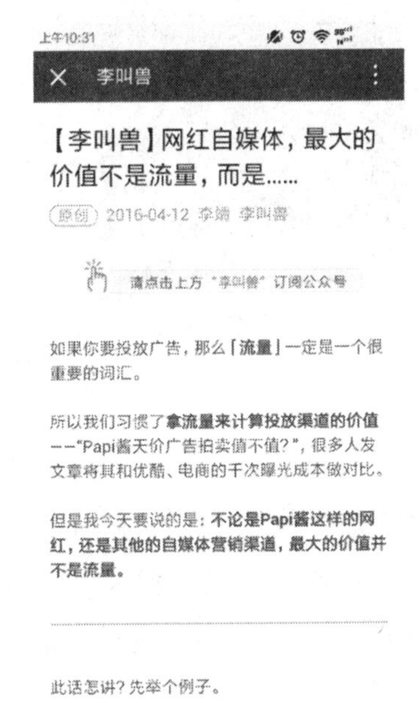

图5–6　李叫兽发布的《网红自媒体，最大的价值不是流量，而是……》

给粉丝一个关注的合适环境

也许你的自媒体对粉丝很有价值，但是他们有时候没有注意到，甚至有可能对你的自媒体产生反感，那是因为你没有在正确的时间用正确的方式告诉他们你的价值。

就像用户在餐厅吃饭，开始点单的时候，你就告诉他关注微信可以打8折，

图 5–7 李叫兽的文章预告

这样的关注率肯定很高；但是如果他只是在餐厅门外观望，你告诉他进来吃饭，关注微信可以打 8 折，毫无疑问关注率会低很多。自明星在吸引用户观看自媒体的内容时也是一样，在用户没有进入你的自媒体前，你说内容有多好多好，用户只会以为你在自卖自夸。但是如果用户一旦进入了自媒体的环境中，就会很容易受到引导。所以，自明星一定要学会抓住最有效的场景设计。

如李叫兽的微信公众号每次在发布新文章的前一天，都会先给用户设计一个场景图片。如在 2016 年 4 月 19 日发布的《网红，如何刺激用户打赏？》，他在前一天就发布了一则明日预告（图 5–7）。在图中，李叫兽并没有说自己的这篇文章多好多好、多有价值，而是直接写出了用户的痛点，如“为什么你会给街头卖艺者打赏、而不会给公众号作者打赏……明天，李叫兽独家研发的最全方法，告诉你‘打赏心理’的奥秘。”简单的几句话就给粉丝设置了一个关注的环境，引起了他们关注明日发布文章的欲望。

以粉丝的痛点为中心设计内容

自明星打造的内容其实就是一个产品，而一个产品的成长和成型，首先就要以粉丝为中心去设计。在粉丝第一的前提下，从粉丝的角度去思考、分析问题。在做这一点时，最为忌讳的就是自明星以自我为中心，把自己当成粉丝，把自己的需求当成粉丝的需求。如果所打造的内容的目标粉丝人群涵盖了自己，那么还有一点点代表性，如果自己并不在目标人群中，那么就很难吸引到粉丝。要打造一个成功的自明星内容，就要客观地分析内容的目标粉丝人群，并找出人群中的主流粉丝形态，再针对主流粉丝去做粉丝研究。

其次，任何一个产品都有它自己的基本原则，也可称之为产品策略，自明星的内容也是一样，也有专属于它的策略。在设计内容的过程中，要给粉丝选择的权利，尊重粉丝的自由度，这就要求自明星在内容设计的过程中尽量减少给粉丝设置门槛，也就是说别让粉丝看不懂。

最后，要真正理解粉丝的痛点，以痛点为中心去设计、优化内容。自明星刚开始设计的内容肯定会存在着很多不足，例如排版问题、词语运用问题、内容推送问题。这时候发现这些问题很重要，发现之后，你就要去优化它，让内容达到粉丝最满意的程度。

第二节　以笑点留住粉丝

现代的人压力特别大，因此特别喜欢看一些能让自己开怀大笑的东西。这也就是为什么小品、相声、喜剧电影现在在中国这么火的原因。很多自明星也会通过制造笑点来吸引粉丝。因此，笑点设置得高不高明，能否引起粉丝发笑，就是自明星是否能走红，或长期走红的关键点。段子是小品和相声中最为常用的，而且“吸粉”效果非常惊人。网络上也有很多段子手，甚至还有歌手靠段子走红，例如薛之谦等人。所以，自明星在营销自己的过程中也可以适当地用一些段子作为笑点，吸引粉丝的关注。那么自明星要如何制造段子呢？怎样制造段子才有效果呢？

案例：薛之谦，不会讲段子的网红不是好歌手

网络上流行这么一个段子：“传说中，在微博上有一个叫薛之谦的人，他是歌手里面最会写段子的，段子手里面最帅的，帅哥里面最有才的。”薛之谦？他是谁呢？不就是《莱卡我型我秀》的选手，《认真的雪》的原唱吗？也许，有很多人疑问，为什么薛之谦会从一个歌手成为网红“段子手”。

薛之谦，2004 年在《莱卡我型我秀》中出道，却在观众的一片期望中退出比赛，退赛原因不明。2005 年，薛之谦再次参加《我型我 Show》，成功签约上腾娱乐。后来，陆陆续续唱过《认真的雪》《你过得好吗》《深深爱过你》等歌曲，传唱度颇高，但是人却一直处于半红不黑的状态（图 5-8）。后来，薛之谦去开了网店和火锅店。直至 2016 年，薛之谦又再度红了起来，其再次走红的很大一个原因就是“段子”。

图 5-8　薛之谦演唱的部分歌曲

薛之谦于 2013 年 5 月 23 日在泰国发生车祸，受了很严重的伤。但此次受伤却让薛之谦开启了“段子手网红”之路。微博的画风从原来的一本正经变成这样（图 5-9），拿自己的伤情开涮。薛之谦经常自黑，很多段子都让人觉得非常好玩又好笑。

如其微博上的这一段子：“为了庆祝粉丝过 300 万这个根本没人在意的日子，……一起迎接猥琐的明天。”还配上了 9 张自黑的图片（图 5-10）。直到本书定稿，薛之谦还持续在微博上发布各种各样的段子。如图 5-11 所示。

薛之谦的这种自黑式的段子意外地受到粉丝的欢迎。薛之谦自己也承认过自己的很多新粉丝都是自己的段子吸引来的。虽然这是玩笑之语，薛之谦本身是个很有才华的人，会再次走红也是必然的，但无疑，幽默的段子手形象确实给薛之谦增添了不少人气，提高了知名度。如图 5-12 所示。

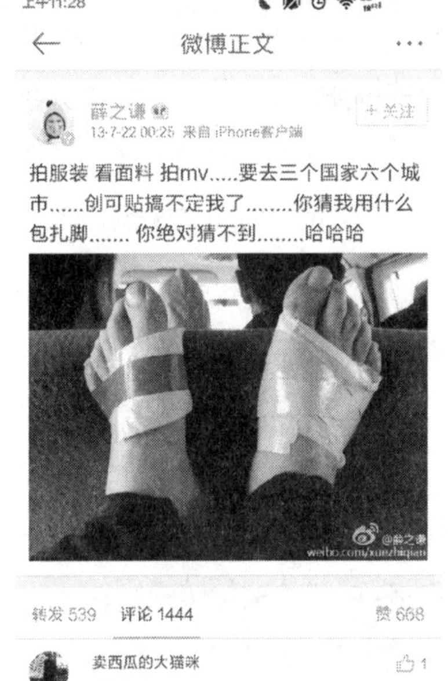

图 5-9　薛之谦拿自己的伤情开涮

为了庆祝粉丝过300万这个根本就没有人在意的日子...送上我狂帅励志清新照9张...希望新朋友能尽快跟上我的节奏...了解我的病态..该取关的取关...该狂欢的狂欢...一起摇摆着腰子...不间断的假high...全力展示出自己的腹股沟...双手插入自己的淋巴...再把父母高举过头顶....一起迎接更猥琐的明天！！

图 5-10　薛之谦庆祝自己粉丝量破 300 万的段子

图 5-11　薛之谦持续在微博上发布段子

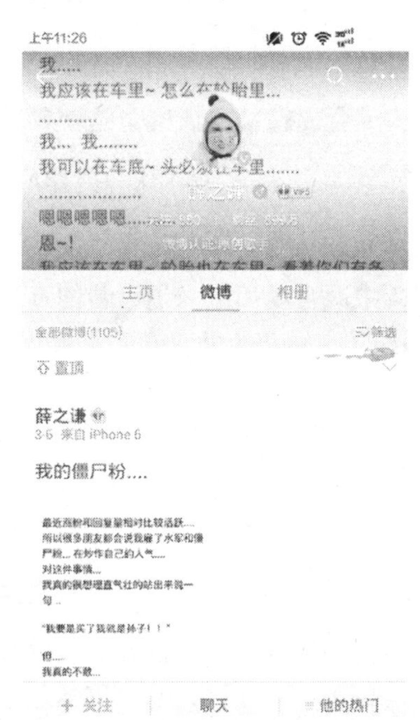

图 5-12　截至 2016 年 4 月 20 日薛之谦的微博粉丝量

关键词 1——“智商”

智商问题在段子里面是很常见的，许多段子中的事件本身是一件非常普通的事件，但是一旦达到某一个点之后，段子中的人物就会突然“智商”掉线，然后通过这种变化产生出和原本应该出现的结果完全不同的结局。制造“智商段子”一定要注意找准智商“掉线”的时机。

例如：“前段时间，南宁很热，宿舍的空调又严重老化，于是我们集体向教练抱怨：‘能换新的吗？我们热得快炸了！’教练点了点头，第二天就安排人去超市给我们买了一批新的热得快。”这一个段子，背景交代得非常清楚，整个段子的前因后果也被编排得非常到位，在最关键的时候，把教练的智商一下子拉到“底线”，产生了非常无语的误会和搞笑的结果。

关键词 2——“谐音”

谐音段子的制作方法并不是很难，主要是利用不同的词汇和语句的相似处来制造笑点。这种段子很容易理解，属于比较大众化的搞笑段子，谐音段子创造的笑点一般都是谐音本身。除此之外，谐音段子也可以通过谐音产生一次误会或尴尬的场景，这就要看自明星如何编排了。

例如：“A：World sing how learn。B：啥意思？世界唱歌怎么学？A：是我的心好冷。你真是土包子。”这个段子就是采用最基本的谐音段子手写法，中西合璧和原词语谐音的高度同步是关键笑点，可以算得上是谐音段子写作的标准范例。

关键词 3——“动物”

动物是很多段子中的主角，它们能带来很多笑点。一般都是以拟人的手法来写段子，拟人时，根据动物身上或者习性上的特点，在动物拟人之后也将这部分保留下来，以作为产生笑点的重点。例如蜈蚣的特点是腿多、熊猫的特点是黑白等。

例如：“节日搞联欢，萤火虫担任灯光效果师，一起结伴空中飞舞，其中有一只不发光，另一只很好奇地问他：‘兄弟！你怎么不发光呀？’不发光的萤火虫说：‘哎！别提了，电价又上调了，上月欠电费了！’”

每一种动物都有自己的特点，将这种特点用段子表现出来并不是一件容易的事情。我们可以通过为动物设计一个故事情节，然后在故事情节中将它的特点表现出来。

关键词 4——“典故”

套用故事可以有很多种方式，有曲解典故和利用典故制造误会等，这类方法和其他段子的写法差不多。这种段子的写法是强行将典故代入，用破坏典故意境来表达与之无关或者根本不需要典故的段子往往能获得理想的“笑果”。这样的段子最主要的就是典故的强行加入，并让事情和典故本身产生气氛冲突。

例如：一天爷爷给我讲故事。爷爷：“在春秋战国时代。”我：“是春还是秋啊？”爷爷：“当时诸侯争霸。”我：“是猪还是猴啊？”爷爷：“不说了！”

我们从小到大接触过很多很多的小故事，这些故事每一个粉丝都耳熟能详。自明星如果用这些故事当作典故来写段子，肯定能引发强烈的对比感。

关键词 5——“格式”

格式型的段子是套用语言和文字格式，利用大众对格式的熟悉感将段子的内容和这种格式的出处联系起来。而且只是格式套用，内容也可以随心所欲地发挥。最好做到和原本使用该格式的节目或者作品在内容上完全相反或者恶搞一些，这样读起来笑点更足。

例如：“你只闻到本宫的欢宜香，却没看到本宫的一丈红。你有你的崔槿汐，本宫有本宫的曹琴默。你嘲笑本宫从没得到皇上的爱，本宫可怜你总被皇后打胎。你可以轻视本宫的存在，本宫可以证明在宫中是谁的时代。争宠是段注定孤独的旅程，路上少不了贱人。但，那又怎样，哪怕被打进冷宫，也要死得漂亮。本宫是华妃，本宫为自己代言！”这就是《甄嬛传》的影迷在宣传时所利用陈欧的“我为自己代言”做的格式段子，有趣又新鲜。“我为自己代言”是风靡网络的广告宣传语，其广告内容已经成了经典梗和段子格式。《甄嬛传》影迷虽然仿照“我为自己代言”的格式，但是使其内容却和“我为自己代言”广告内容完全背道而驰。内容本身有笑点，再加上格式的选择，让笑点变得更加明显，也更加易于联想。

第三节　以槽点互动粉丝

在新媒体的社交平台中，我们常用吐槽来宣泄个人情感。为什么吐槽常能引起网友的共鸣，甚至引发网友在社交媒体上的网络大联欢？是因为现代人生活的快节奏和繁重的生活压力让人们更喜欢宣泄，而互联网近乎虚拟的社交方式，会让人们放下压力，甚至在如今的网络社交中，成就了不吐槽不社交的网络环境。

网上流行的一句话，得屌丝者得天下。这句话也应该成为我们做自明星时刻谨记的信条。以吐槽为基点，拉近与网民之间的距离，走下自明星的神坛。在新媒体时代，高高在上的高冷明星无法成为网民互动的焦点。在强大的网络文化冲击下，我们也不必将屌丝妖魔化，屌丝其实是代表广大的平凡网民，吐槽正是全民“说人话”的网络范式，正是一种更为平民化的网络表达形式。

案例：王尼玛的吐槽营销

“王尼玛”是现任暴走漫画官方主编，自称“不吐槽会死星人”。以《暴走大事件》为代表的王尼玛以吐槽为核心内容，打造了千万级的粉丝群，可以说是成为自明星的吐槽第一人（图 5-13）。以夸张的漫画形象和语不惊人死不休的语言风格在互联网上吸引强大粉丝的王尼玛，形成了独树一帜的现象级内容。虽然王尼玛的核心内容都是针对社会热点事件的吐槽，然而在

图 5–13 《暴走大事件》的节目内容

吐槽背后却不乏正能量。这种对社会话题鞭辟入里的吐槽形式赢得了网友好评，甚至被称为“捡节操”。作为自明星的王尼玛，在一开始就选定了以吐槽为核心内容的输出形式。可以说，剑走偏锋的《暴走大事件》成为吐槽栏目独树一帜的风格代表，也成了开创吐槽内容的重要探索者。暴走漫画起源于北美，是一种开放式的漫画，题材多为用爆粗的方式描述日常令人愤怒的事情。在中国暴走漫画里，很多粗话被谐音美化使用，而“王尼玛”就是暴走漫画中“男猪脚”，而“女猪脚”也被称为“王尼美”。

吐槽吐出表情包

在自明星的经营上，表情包也是十分具有价值的内容输出。在网络环境中，表情达意都离不开表情。自制的表情包，往往能够发挥最大的病毒内容价值，在微信、微博和 QQ 形成内容传播，最大限度形成内容上的二次传播，并成功渗透社交媒体平台，为自明星形成网民传播声量。

王尼玛在内容和选材上都十分有料。无论是对富二代的无情挖苦，还是对明星的潜规则际遇，吐起槽来都是酣畅淋漓，让网民倍感痛快。在辛辣大胆的选题上，充分满足网友好奇心和猎奇心理。王尼玛一开始就把自己定位为网络新闻串烧，就是以吐槽形式另类解读新闻内容。而在内容输出上，王尼玛依靠暴走漫画，形成了自己独特的表情包，在网络上形成大面积的二次传播。如图 5-14、图 5-15 所示。

图 5-14　王尼玛发布的漫画表情包（一）

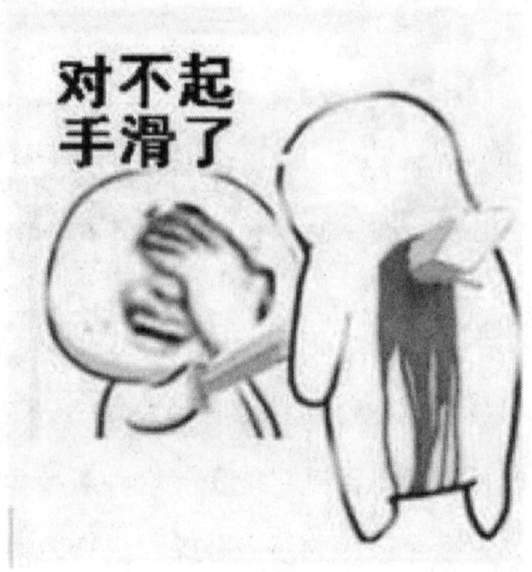

图 5-15　王尼玛发布的漫画表情包（二）

点击要靠标题党

标题党是有一定的幽默性的，对象是那些出于找乐子为目的而点击标题的网友，他们往往乐于上当，希望点进去之后开怀一笑，例如百度标题党吧就是一个良性标题党的交流平台。良性标题党既可以娱乐自己，也可以娱乐大众。当然，标题党往往通过夸张的方式和意想不到的创意形式来获得网民的点击，在确保标题吸引之后，内容的优良也是留住粉丝的重要之举。

一个好标题要充满智慧和创意，需要用心去构思。要尽可能把标题做得寓意深长、韵味十足、神采飞扬。让标题给人一种新颖独特的感觉；给人一种鲜活脱俗的印象；给人一种呼之欲出的愉悦；给人一种回味无穷的联想，能让人过目难忘，能吸引人的眼球，让人欲罢不能地读下去。

吐槽虽然能在短时间内帮助自明星获得大量的关注度，但是最重要的是，吐槽绝对不等于抱怨发泄或喷人。一个吐槽高手并非是对他人进行人身攻击，而是在吐槽中发现社会问题，为推动社会问题的解决贡献一份正能量。另外，一些敏感的社会话题，牵扯到个人隐私或者法律问题的相关话题，建议不要踏入雷区，以免让自身陷入不可避免的麻烦当中。

第四节　以泪点感动粉丝

以泪点感动粉丝指的是“情感营销”。情感营销就是把粉丝的个人情感差异和需求作为自明星营销战略的核心，通过借助情感包装、情感促销、情感广告、情感口碑、情感设计等策略来达到自明星的目标。在情感消费时代，粉丝购买商品所看重的已经不是商品数量的多少、质量的好坏、价格的高低，而是为了一种情感上的满足、一种心理上的认同。情感营销是从粉丝的情感需求触发，唤起和激起粉丝的情感需求，诱导粉丝心灵上的共鸣、寓情感于营销之中，让有情的营销赢得无情的竞争。

案例：《触碰心灵的台词》，动动心，动动人气

《触碰心灵的台词》是微博签约自媒体，是知名情感博主，目前拥有476万粉丝（图5–16）。《触碰心灵的台词》走的就是泪点路线，也就是情感路线，他的高人气也是在这个基础上得来的。除了拥有普通粉丝的支持，很多天后级的明星也喜欢关注他。例如蔡卓妍、梁静茹等人（图5–17）。那么《触碰心灵的台词》是如何通过情感触发粉丝的泪点来获得高人气的呢？现在我们就先来看看他的微博内容！

如图5–18所示，这是他微博人气最高的博文，转发量超过两万，评论

图 5-16 《触碰心灵的台词》的微博

图 5-17 蔡卓妍、梁静茹等明星也关注《触碰心灵的台词》

量高达 1929 条，点赞量超过 1 万。为什么一条别人说过的博文却能得到这么多人的认同呢？最大的原因就是因为这句话抓住了粉丝的情感，触动了他们的泪点。那么他是如何体现的呢？

首先，他说中用户的心声。现在这个社会，很多人为了工作和生活，违背自己的心意和心情努力去取悦别人，活得非常累，但这么累的原因只是为了到了一定年纪后不用如此。

其次，符合粉丝的个性。这一段话也明显把现在 80 后、90 后的个性体现了出来，所以更容易引起他们的共鸣。如“宁可孤独，也不违心。宁可抱憾，也不将就。能入我心者，我待之以君王。不入我心者，不屑敷衍”这一段话得到了很多粉丝的认同。有粉丝评论说：“颇得我意！我就是这么一个自我的人，照自己的方式活着，将一切看淡，不必刻意伤害，随自己的心走。”

图 5–18　《触碰心灵的台词》最热的博文

图 5–19　《触碰心灵的台词》的博文

最后，正能量。《触碰心灵的台词》之所以会受欢迎，还因为正能量。粉丝能通过他的博文感受到激励，感受到正面的情感。这一点除了图 5–18 中的博文中有体现，在他其他的博文中也体现得非常明显。如图 5–19 所示。

这就是粉丝会关注《触碰心灵的台词》的原因，因为他的博文大多都是这种能引起用户情感共鸣的内容，他们感触、感动、认同，从而持续地关注着他。

建立一个完整的情感营销体系

自明星如果想让自己的内容做到“以泪点感动粉丝”，就要先建立一个完整的营销体系。具体的内容包含以下几个部分：

一、情感服务模式固定化。这个固定化指的是要把情感服务贯彻始终，不能三天打鱼两天晒网，东一榔头西一棒子，服务从根本来讲是展示自明星的一个重要窗口，那种游击式的服务最好不要，否则，最终伤害的还是自明星本身。

二、情感服务模式生动化。所谓生动化指的是自明星的一切服务都要围绕人性和情感这个主题来开展。有很多自明星也是以情感营销为主，给粉丝提供很多的服务，但是这些服务都是隔着屏幕进行的，或是经过一层又一层的程序，因此很难准确地摸到粉丝的心理。所以，自明星在打造内容或者服务时，要走近粉丝的身边，倾听粉丝的心声，为其提供贴心的服务，满足他们的心理需求和精神需求。

三、情感服务模式创新化。情感营销，不仅仅是局限于自明星打造的一个情感营销队伍，还要从粉丝当中开展类似于寻找内容顾问的活动，从而改变自明星内容效果自己说了算的片面性弊端。把最终的判定权交给粉丝，经粉丝自身认可的内容，自然能够在市场上吃得开，通过这种权利倒置的全新模式，把情感营销和口碑营销发挥得淋漓尽致。

《触动心灵的台词》的情感服务营销体系，显然就包含了上文所述的"固定化、生动化、创新化"三点。他始终把情感作为自己博文内容的核心。2012 年 4 月 18 日，他发布了第一条微博："虽然我很喜欢她，但是我不想让她知道，因为我明白得不到的东西永远是最好的。——《东邪西毒》"（图 5-20）。2016 年 6 月 21 日，是本书写作时他发布的最新微博："说不想谈恋爱是假的，说不羡慕人家秀恩爱是假的，只是真没有碰到一个认真的；所以，宁愿选择单身，也不想要随便谈感情；因为，我不想当我遇见更好的人的时候，已经把最好的自己用完。——南樯"（图 5-21）。第一条和最新一条的微博内容，其核心定位都是"情感"，都是通过充满感情的文字去打动粉丝的泪点，从而让粉丝持续关注自己。

真心真意的内容才动人

在众多类型的自明星内容中，情感式内容的最大特色就是容易打动人，容易走进用户的内心，由此让粉丝对自明星产生信任感。所以，情感营销一

图 5–20 《触碰心灵的台词》的第一条微博

触碰心灵的台词

今天 12:07 来自 微博 weibo.com

说不想谈恋爱是假的，说不羡慕人家秀恩爱是假的，只是真没有碰到一个认真的；所以，宁愿选择单身 ，也不想要随便谈感情；因为，我不想当我遇见更好的人的时候，已经把最好的自己用完。——南橋

图 5–21 《触碰心灵的台词》的 2016 年新博文

直是百试不爽的灵丹妙药。有很多自明星是通过软文的形式来吸引粉丝的。那么如何写出一篇情感丰富的软文呢?

先仔细分析一些没有点击量的自明星的软文，可以发现他们的一个共通点就是这类软文的内容都包含很明显的虚假成分，一看就是在假大空，胡乱编造一些故事博取粉丝的关注。但就是因为是胡乱编造的，粉丝一看就是假的，从而失去了对软文进行关注的兴趣。软文得不到关注，写这篇软文的自明星自然也得不到关注。

所以，自明星在写软文时，一定要真心真意，不能胡乱编造，这样才能打造出能引发粉丝泪点的文字，从而得到关注。即使软文内容的故事情节是假的，但也不能脱离现实。同时，核心的情感点一定要与用户的情感点契合。有情感契合点的软文才能让粉丝产生共鸣，从而感动他们。

《触碰心灵的台词》的博文显然是抓住了粉丝的情感契合点，让粉丝产生了共鸣，让他们从感动到关注。

抓住粉丝的情感弱点

每个人都有弱点，特别是情感上的弱点。自明星如果要彻底激发粉丝的情感，引起他们的共鸣，就要从他们的情感弱点入手。只是，这个“情感弱点”切入点是要大众都有的，而不单单只是一个粉丝、两个粉丝的情感弱点。那么，什么样的情感弱点是大家都有的呢？亲情、友情、爱情，这些都是。但是这几样情感被人运用了无数次，而且用得太多，把握得不好很容易让用户觉得矫情。所以，自明星在运用粉丝情感弱点时一定要注意这一点。

第五节　以热点带动粉丝

“以热点带动粉丝”是什么意思呢？这就是话题营销，借热门话题的关注度带动自己的关注度。话题营销早已是各个企业、各大名人屡玩不爽的营销手段。虽然话题营销被广泛运用，但是其威力却未减弱。所以，自明星可以借助话题营销来吸引粉丝的关注。话题营销主要是运用媒体以及网民的力量，让自明星本身或打造的内容成为大家谈论的热点话题，通过话题的影响度达到营销的目的。总而言之，话题的关注度越高，自明星的人气就越旺。

案例：淮秀帮，什么火我就配什么音

淮秀帮，创意配音团队。2010 年，创造性地改编《新白娘子传奇》等经典影视剧中的经典桥段，以酷似原音的对白配音，诙谐地运用网络熟词、流行熟语对时下热点进行调侃和回应，因而风靡一时，为广大网友所熟知。此后，其作品更是以文辞犀利的语言风格、亦正亦邪的搞笑方式吸粉无数。淮秀帮人气大涨，旗下作品点击率破 5 亿。2013 年被媒体誉为“华人网络界第一支形成规模的创意配音团队”。可以说，淮秀帮成了名副其实的网络红人，成了配音界的自明星。如图 5-22 所示。

淮秀帮的创作缘由是什么呢？其实，还是跟当时每逢寒暑假必播的神剧《新白娘子传奇》有关。当时，这个一到寒暑假就和《还珠格格》一起重播的电视剧在网络上引起了广泛的热议。而一直关注这个热点话题和这几部电视剧的淮秀帮成员，抓住了这个时机开设了自己的群、贴吧和论坛。其中有一部分人因为对配音非常感兴趣，淮秀帮“湖咯咯”对改台词特别擅长，因此一拍即合，推出了《新白娘子传奇我们结婚吧》（图 5-23）。之后，一系列紧跟网络热点的改台词版本的配音作品便应运而生。

图 5–22　配音界的自明星——淮秀帮的简介

图 5–23　淮秀帮配音《新白娘子传奇我们结婚吧》

淮秀帮依靠着幽默独特的改台词版本的配音吸粉无数，更是获得了许多专业人士的认可。淮秀帮是第一个在优酷网、土豆网、腾讯网、56 网、爱奇艺、PPS、PPTV、酷 6 网、风行网、爆米花网等各大网站建立专辑的“创意配音团队”（图 5–24）。在同类的视频专辑中更是曾获得评分 9.7 的高峰，排名第一，足见粉丝对其的喜爱和支持。2013 年，其推出的《高温联播》更是在腾讯网创下单个视频 50,729,872 次播放的收视纪录（截至 2013 年 11 月 23 日 11 点），打破了视频搞笑类的纪录。如图 5–25 所示。

与此同时，它更是获得了如《中国日报》《新京报》《法制晚报》等十几家专业纸媒的专版介绍。陈凯歌、陈红、李冰冰、何炅、谢娜、杨幂、文章、马伊琍、王珞丹、李亚鹏、杜海涛、蒋欣、王祖蓝、姚笛、曹云金、鲍春来、鲁健、宋英杰、胡紫微、陈晓、陈思诚等两岸三地文体界明星纷纷通过新浪微博、腾讯微博转发淮秀帮作品。由此可见，其内容的优质受到了大家一致的认可。

图 5–24　淮秀帮进驻各个视频网站

图 5-25　淮秀帮配音《高温联播》

选个好的热点主题

话题营销，通常可以分成两种，一是经过蓄意策划的；二是由潜在粉丝或是利益相关者发起的话题营销。第一种话题营销的方式，都是自明星事先策划好话题内容，让内容和自身达到最佳的匹配效果，然后再通过各大社交媒体网站，例如微博、微信、各大新闻门户网站进行话题传播。自明星对这种形式的话题营销能够掌握较大的主动权，可以通过缜密的策划与引导，让话题发挥出自明星想要的效果。第二种形式的话题营销，则是自明星的产品和服务得到了粉丝们的认可，产生了良好的口碑。在众多粉丝的凝聚之下，自动形成的话题。

那么，自明星如何才能选择一个好的话题，为自己增加关注度呢？

一、选好主话题，设计话题辅料。单一话题的后续力不够，自明星在选择话题时，要包含两个因素：主话题的内容和话题的辅料。这样，才能不断地为参与话题的粉丝带来新鲜感，维持或提升话题的热度。

二、分阶段展开话题。例如，前期的话题要加入什么样的材料，要影响到哪一部分粉丝；中期要加入什么样的内容，吸引哪一部分粉丝的加入，维持住话题的热度；后期，要加入哪些辅助猛料，让话题热度达到高潮。什么阶段，加入什么内容，吸引什么样的粉丝，达到什么样的效果，自明星都应该要有充分的把握。

三、利用社交媒体大 V。在互联网时代，最能代表意见领袖的就是各大社交媒体上的大 V。他们在话题营销中能起到推波助澜的作用，影响大批粉丝。所以，自明星的热点话题如果能得到他们的帮助，热度肯定会上升得更快。

四、话题营销不是恶性炒作。话题营销是新闻炒作，而不是恶性炒作。话题营销如果运用得好，可以起到四两拨千斤的作用。但是如果自明星把话题营销变成一种恶性炒作的手段，反而会得不偿失。

比如淮秀帮，它的视频之所以会这么火，受到无数粉丝热捧的同时还受到专业人士的认可，有很大一部分原因就是因为其热点主题选得好。比如在 2016 年 4 月 7 日推出的《梦想与现实》，其主题选用的就是 2016 年莱昂纳多·迪卡普里奥（网友昵称小李子）获得了影帝这个热点话题（图 5-26）。小李子在陪跑奥斯卡 20 年之后，终于获得了影帝。他的获奖在全球引起热议，更是连续几天霸榜中国媒体头版。而其话题辅料则包括了《何以笙箫默》《克拉恋人》《芈月传》《女医明妃传》等热播大剧的经典桥段。如图 5-27 所示。

而这些电视剧的台词更是被改为时下网友最关心、最热门的 A4 腰、“每隔一段时间换一个老公”等分阶段展开话题内容，让粉丝被推进的剧情所吸引，并不断引发他们的笑点。

图 5-26 《梦想与现实》以小李子获得奥斯卡小金人为主题

利用热点事件做话题

话题营销，是最省时省力，但效果又非常好的一种方式，就是利用热点事件做话题。每一天我们都可能关注到不同的热点，社会新闻、娱乐新闻、电影、电视剧……自明星可以利用当下的热点，作为自己话题营销的主题。

在利用热点做话题营销时，可以按照以下方法来做，让热点为自己发挥出最大的效果：

一、抓住粉丝心理，让粉丝找到认同感。话题能得到粉丝的认同，让粉丝产生兴趣，才是最有效的话题。利用热点做话题来推广自己，可以分为三个方面：首先，和粉丝想到一块去。自明星要知道自己的目标用户面对热点话题时是怎样的心理，是极端好奇，会持续关注事件的发展，还是看看就算了。其次，说出用户想说的话。粉丝的语言是匮乏的，也缺乏渠道来表现。

针对这一点，自明星可以利用热点作为话题，用语言作为辅助，去打动粉丝，让粉丝感受到自明星发起的这个话题完全表达出了自己的心声。如果做到这一点，粉丝自然会帮你传播。最后，给粉丝一个释放感情的入口。比如为某个喜欢的明星刷话题、发评论等。这就是互联网人常常说的参与感，这种吸引粉丝参与的成本和门槛都很低，任何一个自明星都能做到。如果自明星能找到一个符合自身定位的热点来作为话题，让粉丝感受到你们之间的共鸣，粉丝是非常愿意加入到该话题的讨论中的。

二、对热点做出快速反应。自明星对热点不仅要有敏感度，还要快速做出反应。一般热点的有效期在 24 小时之内。因此需要在最短的时间内将热点融入自己的话题营销之中，并呈现在粉丝面前。

所以，自明星要养成每日浏览热点文章和咨询的习惯，并随时挖掘热点。在这个快餐文化时代，热点来得快，去得也快，微博热搜榜分分钟换人。所以，自明星要在第一时间抓住热点并结合自身的特点借势营销。

就如淮秀帮的《梦想与现实》这个视频，就准确地抓住了粉丝的心理。小李子获奖后粉丝的关注度极高，而且对小李子获奖后的表现持续关注，所以，他们自然会关注所有关于小李子的报道。淮秀帮的《梦想与现实，你说虐不虐》的视频显然是抓住了这一点。其次，它还说出了粉丝想说的话，2015 年至 2016 年各种热播电视剧，粉丝关注的明星更是一个接着一个。甚至有网友开玩笑说："你们是隔一段时间换一个老公，之前喜欢这个，今天又喜欢那个。"而淮秀帮显然抓住了粉丝的心思，直接把粉丝没说出的话说出口："我不是不喜欢他啊，每个男神都是我的白马王子，只是我们的心里住了一支骑兵连（图 5-27）。"最后，淮秀帮对热点的反应虽说不都是在 24 小时之内，但是它却把近段时间最有代表性的热点集结起来，编成剧情和台词，而且毫无违和感。

【搞笑】 淮秀帮133《梦想与现实》你就说虐不虐

图 5-27　淮秀帮《梦想与现实》的台词

第六节　以观点指导粉丝

什么是“观点”？它是指一个人对某件事物的认识程度以及自己的分析结论。如果这个结论和大多数人的结论是相同或者相近的，并且能够被大家所接受，那么就可以说是基本正确的观点了。但也不是所有人都会认为你的观点是正确的，只是受大部分人认同的，否则的话，这个人就会被大众认为是在“胡言乱语”。

自明星要以观点来吸引粉丝，首先，要对观点有一个深入的了解。观点，从字面上分析，就是看待现象、看待问题的角度或者立场，实际上它还包含着由此产生的认识。从表面上看，每个人都认为自己的观点是正确的，但实际上在不同情况下，对于观点正确的理解也是不同的。

一、看待问题的角度或立场是正确的，由此产生的观点是正确的。

二、看待问题的角度或立场不正确，由此产生的观点是不正确的，但是自己却认为是正确的。

三、没有自己的立场、自己的认识和观点，只是人云亦云。然而，正是因为人云亦云，正是有许多人看到这个问题，对某件事都存在这样的观点，所以就觉得是正确的。有很多自明星都是处于这种状态，互联网的风气也是如此。自明星一定要避免这种情况。有很多人都是用独特的观点来吸引粉丝，例如一些时事评论的专家、一些军事观察员、一些报纸杂志的评论员，他们都是用自己的观点来获得别人的认同，获得粉丝的关注。自明星领域里也有不少人是通过发表自己的观点而成名的。

案例：耳帝，音乐评论圈中的红人

耳帝，微博知名音乐博主，通过 CCTV-15 央视音乐频道独家入驻酷狗音乐。其走红的原因是以专业角度评论国内外歌手的唱功以及每一场现场演唱的表现，并且通过对《我是歌手》系列参赛歌手表现的犀利评论而声名大噪。现在，只要有大型音乐节目，耳帝都会对歌手进行点评，且能引导微博舆论走向。

耳帝以其犀利、毒舌但又专业的评论获得了大批粉丝的支持和认可。现在，耳帝的微博粉丝量已经达到 344 万（图 5-28）。每发一条与音乐相关的微博都能引发几千甚至上万的转发、评论和点赞。如图 5-29 所示。

耳帝的成功来自于他的“观点”，他利用自己独特，但又符合大众的观点来吸引粉丝。虽然他的评论相对毒舌，但是却相当中肯，虽有流露自己喜好的痕迹，但大多数都客观。所以，他的每次点评都能获得很多粉丝的关注。与很多音乐评论人不同，不管这个歌手多大牌，多有名，只要唱的、表现的有一点点瑕疵，自身条件有哪些不足，他都会毫不客气地点出，不管会不会得罪歌手本人或者他的粉丝。虽然他犀利的评论经常引来歌手和粉丝的质疑、

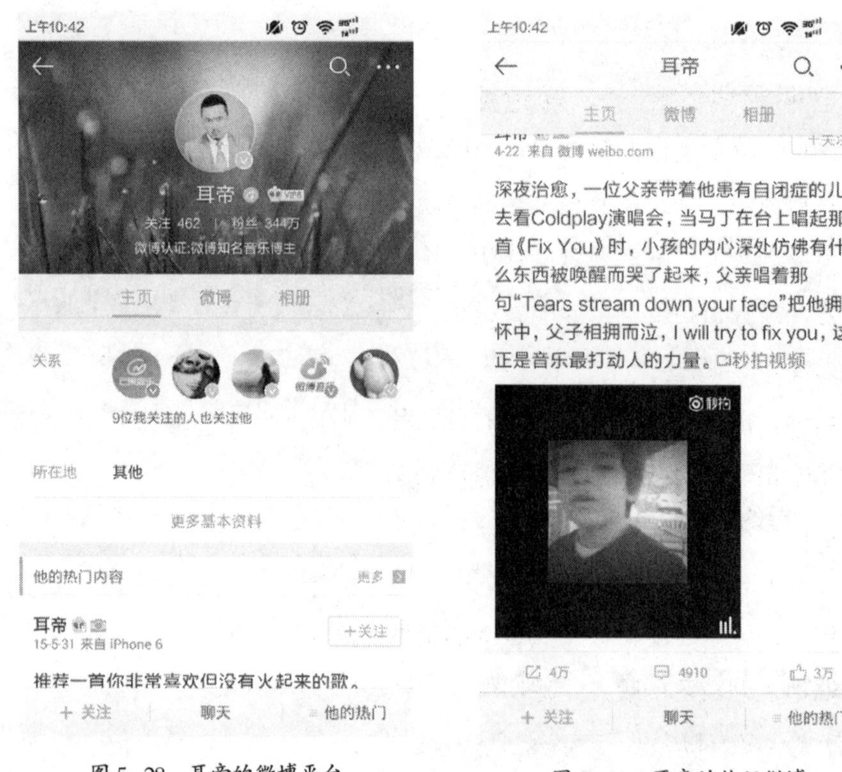

图 5–28　耳帝的微博平台

图 5–29　耳帝的热门微博

反对，但仍吸引了一大批粉丝。

其实，表达一个正确的、能引起大众关注并获得他们认可的独特观点是需要技巧的。不是你随随便便在社交媒体上发表一些观点，就能获得粉丝的关注，成为自明星。那么，如何才能对事物有一个正确的认识和观点呢？很多自明星都是通过软文来吸引粉丝的，其实发表自己观点的文章和写议论文是一样的。议论文需要具备的因素，自明星的软文文章也必须拥有。

议论文写作包括三个要素：论点、论据和论证。因此，鲜明的论点、确凿的论据、严密的论证，是议论文，也就是自明星写作观点文章时的三个基本要素。

自明星要找到一个好论点

论点，就是指自明星对议论的问题所持的见解或者主张，是整篇文章的灵魂，且负责统帅全文、纲举目张的作用。论点好不好，是吸引粉丝的第一个关键点。论点要包含五个因素：

第一，正确。自明星写软文的目的就是为了指出事实、明辨是非、分清证物，所以，论点也就是观点的正确是非常重要的。

第二，鲜明。自明星在文章中必须旗帜鲜明地表明自己的观点，毫不含糊地说出自己的见解，让粉丝一目了然，明确理解。

第三，严密。论点的表达必须严密周谨，无懈可击，否则让持反对意见的人有机可乘，很多自明星的争议就是这么来的。

图 5–30　耳帝的部分观点文章

第四，集中。一次只能提出一个观点，全篇文章始终围绕一个论点来展开论述，把观点说深、说透，这样，才能彻底说服粉丝。

第五，深刻。文中提出的论点，应该是自明星对事物新鲜、独到的见解，能够深入地揭示事物的本质，而不是一般化的老生常谈，说别人早已说过的观点。

例如耳帝在微博上推出的一系列观点文章，每篇文章都有自己的论点。如图 5–30 所示。

要提供充足的论据支持自己的观点

论据是用来证明论点的事实和道理。因此，论据包括事实材料和理论材料。事实材料中又包括了正面事实材料和反面事实材料，数据材料也是其中一种。也就是说，自明星在写观点文章时，其文章内容一定要包含这几方面的材料内容，这样才能证明自己的论点是正确的，才能说服粉丝。

那么选择材料要遵循哪些原则呢？

一、正面材料的选择：首先是真实性原则。例如自明星在用一个成功案例的材料时，这个案例必须是真实的，是确实发生过的。其次是典型性原则。就是要求选用那些能够深刻揭示事物的本质，具有广泛代表性的事件作为材料。例如在讲述参与感的论点时，就可以采用小米科技公司的案例。最后是新颖性原则。粉丝更喜欢看一些新颖性的文章，对陈旧的材料较为反感，因此，对事实论据的选择，也必须遵循新颖性这一原则，重新轻旧，求近舍远，要在“新”字上面下工夫。

二、反面材料的选择：要以有衬托作用为原则。自明星在讲述时，要把观点讲深讲透，就需要多角度的分析、论证观点。这就要求自明星要从不同角度去选择论据，既要有正面的材料，从正面阐述自己的观点，也需要选择反面材料，从相反的角度去分析观点。正反对照、以反衬正，突出中心论点。

三、数据材料的选择：不要小看数据，它有着丰富的内涵，往往是论据的最有力证据。将科学的数据引入文中，能增强论证的效果，让文章具有无可辩驳的说服力。

四、理论材料的选择：选用通过实践证明是正确的经典理论家的名言、科学上的公理、定律或者众所周知的道理来作为论据，以证明论点的正确性。引用理论材料作为论据，必须遵循以下几条原则：一是可靠性原则。作为论据的依据，被引用的理论材料一定要确凿可靠。要确认引用的是原话还是大意，搞清作者是谁，引用原话不能出现抄录错误，引用大意要对原文内容做到正确概括。二是针对性原则。引用理论材料是为论证某个观点服务的，万不能牵强附会、无的放矢。三是引申性原则。在引用理论材料作为论据后，还要进一步分析。否则有引无证，不能充分发挥论据的作用。正确的做法是，在引用理论材料之后，紧跟着就要对理论材料进行科学推论，从中推导出新

的含义，进而推动文章的论证。四是简明性原则。引用理论材料作为论据，目的是证明观点的正确，对观点的进一步阐述以及推导，最后还要靠自己去论证。如果引用过多的理论材料，以引带论，反而会适得其反。

就像耳帝，他在提出一个论点时，所用到的论据就非常充足。比如说他的一篇以电视音乐节目修音为论点的文章《来说一说电视节目的“修音”》（图 5–31），就针对“修音”这个论点，提出了好多材料。

首先是正面材料的选择，选择了《我是歌手》这个近几年最具代表性、典型性的问题来支持自己的论点（图 5–32），然后是反面材料的选择，以《全能星战》参赛曲目《小河淌水》的作曲者老锣在微博的炮轰，来证明“修音”处理得不好的地方（图 5–33）；最后是数据材料的选择，耳帝在文中提供了许多数据（音乐的专用名词、乐器）等来支持自己的论点（图 5–34）。

上午10:51
文章
耳帝
乖巧的品味分裂者。
来说一说电视音乐节目的“修音”
2016-01-09 21:58　阅读 41万+

前天为“修音”的问题发了三条微博，与人发生了争论。

当然经过这么多年的微博论战，我是深知这样的反驳微博是发不得的，因为当你粉丝数量达到一定程度，也就是所谓的“大V”之后，

转发　2418　赞

图 5–31　耳帝发布的《来说一说电视节目的“修音”》

上午10:58
文章

今天主要是来说一说像《我是歌手》、《中国好声音》这类录播“修音”节目的“修音”大概包括了哪些？我以最通俗的方式来解释一下。

首先要知道，在比赛现场听到的，与在电视机前听到的是两码事，因为是两套系统，两种完全不同的呈现方式，现场声音震撼动人，电视效果一片狼藉，这是有可能的，现场观众听到的通过的是现场的音响设备，它声音感受的好坏看的是硬件与现场调音，但这个现场的声音是如何录到电视上被电视观众听到的，很多人都有误解，都简单地以为是台前摆个摄像机，既能摄像又能收声，也就是所谓的“外录”，如果用这种“外录”的方式，录下来的声音就是嘈杂一片，各种环境的噪音、现场的喧闹、声音的失真、音响的轰隆等等，道理你可以参考下自己在演唱会上的“饭拍”，“饭拍”的质量是不可能拿到电视

转发　2418　赞

图 5–32　耳帝将《我是歌手》作为正面材料

上午11:12

文章

弦乐团伴奏的，它有几十轨的声音素材，人声只是其中的几十分之一，多数人以为“修音”只是修人声的音准，其实不然，龚琳娜在参加《全能星战》时，老锣不下五次在微博上批评全能星战的后期团队把自己的编曲搞坏了，认为并没有表现出乐器应有的层次，其中就有那首大受国内古风圈推崇、多少人听的泪流满面的《小河淌水》，老锣在微博上痛批这首歌的“缩混太差了”并不惜用一个呕吐的表情（当然也可能是外国人的言行都比较夸张），同时还有龚琳娜现场演唱《致青春》的后期做坏了，老锣表示“把我气坏了”，我截了几张图给你们看下：

转发 2418 赞

图 5-33　耳帝将老锣的评论作为反面材料

上午10:53

文章

而随着选秀唱歌节目越来越专业化，人们都有了“Live”的概念，跟伴奏演唱已经不满足歌手对音乐品质的要求了，所以唱歌节目都成了现场乐队伴奏，一直到《我是歌手》中还加入了弦乐团、管乐组，每个乐器都得分开且单独地收音，吉他的轨、贝斯的轨、键盘的轨、弦乐的轨、管乐的轨、伴唱的轨、鼓的轨，更别说鼓还要分成底鼓、军鼓、tom、hi-hat等等至少五个，这样下来，录制一个表演，多的时候就需要几十条轨了，所以当录制的编制与规模达到这个程度的时候，电视台、节目制作公司已经无法能保障成品完善的制作了，所以这时候外包给了专业的录音棚，把现场收到了几十甚至上百轨声音素材，拿到了专业录音棚去过一遍录音棚的后期流程，这样出来的成品就相当精细了，以前唱歌比赛的音频只是遵循一个电视播出的标准，而现在却是拿出版级的标准来对待，这样一来整个性质就产生了变化，此前唱歌

转发 2418 赞

图 5-34　《我是歌手》中的数据材料

这些材料选择得充足、典型、丰富加深了这篇文章的专业性、可信度，因此，耳帝的这个关于“修音”的观点得到了众多粉丝的认可。

要懂得如何论证自己的观点

论证就是用论据证明论点的过程以及方法，让论据和论点有机地联系起来，从而建立起一个统一的整体。论证的方法一般是先提出论题，经过论证、分析得出结论。论证的过程和方法有的是逐层分析，有的是边分析边做出结论，有的则是用设问引出问题从而进行论证。

常见的论证方法有三种：

一、事实论证。这是一种从材料到观点，从个别到一般的论证方法，是对许多个别事物的分析和研究中归纳出的一个共同结论的推理形式。运用事实论证进行论证列举的事实有两种形式，即概括总体性事实和枚举个别事实。

二、理论论证。其目的是要证明论点具有普遍性以及规律性。由于论点一般都是从具体的材料抽象概括出来的，其实就是归纳法。但归纳法需要有理论支持，才能保证可靠性。

三、比较论证。这是一种个别到个别的论证方法。通常分为两类：类比法和对比法。类比论证是根据两个对象在某些属性上的相同或是相似，推论两者在其他属性上也有相同或者相似。类比论证属于或然性推理，其结果不一定为真，只有一定程度上的可靠性。

例如很多自明星对某个行业未来走势的预测，就会通过大量的材料来证明自己的预测，比如去年行业的情况和今年行业的现状等材料。其有一定程度上的可靠性，但这个走势具体如何，也只有行业发展到那个时间段才会知道。

对比论证是一种求异的思维方式，它侧重于从事物相反或者相异的属性的比较中，来揭示需要论证的论点的本质。对比论证的运用范围更广，自明星可以通过对某个行业中外情况进行对比、某个行业的大企业发展和小企业发展情况进行对比等。在比较分析和阐明两者的差异可对立之后，自然就能够确立论点了。

第六章

玩转社交平台，全平台圈粉

作为自明星，选择在什么样的平台进行发布也显得尤为重要。自明星根据自己的个人优势，选择适合自己的平台，才能事半功倍。本章将对不同的社交平台特征进行大搜罗，以帮助大家选择适合自己的明星主场。

第一节　微博发好文做大号

在 2015 年 12 月 9 日的微博 V 影响力峰会上，各路草根齐聚一堂。微博方面宣布，2015 年的前 11 个月，微博垂直领域专业作者已经达到 230 万，覆盖 47 个行业，其中月均阅读量超过 10 万的“头部作者”，在微博上获得的收入超过 2 个亿。预计 2016 年将获得超过 4 亿的收入，更甚者，有些微博大号宣布要挂牌新三板，准备上市。

案例：《冷笑话精选》，微博大号挂牌新三板

近日，微博上拥有 1000 多万大号的草根号《冷笑话精选》在新三板挂牌。其运营方是厦门飞博共创网络科技有限公司，飞博共创成了第一个登陆新三板的自媒体公司。其公司创始人和最大股东为伊光旭。如图 6–1、图 6–2 所示。

图 6–1　《冷笑话精选》的微博

百度为您找到相关结果约83,400个　搜索工具

“冷笑话精选”申请挂牌新三板这可不是冷笑话_网易新闻中心

2015年10月21日 - “冷笑话精选”申请挂牌新三板这可不是冷笑话本报记者 褚睿雅冷笑话精选、DIY私房菜、星座密语、一块去旅行……是很多人刷微博时都会看一下的大V...

news.163.com/15/1021/0... - 百度快照 - 63%好评

冷笑话精选新三板挂牌 粉丝经济营收轻松破千万_网易财经

2015年12月12日 - (原标题:冷笑话精选新三板挂牌 粉丝经济营收轻松破千万)挖贝网讯 12月12日消息,厦门飞博共创网络科技股份有限公司(飞博共创 834617)在新三板挂牌...

money.163.com/15/1212/... - 百度快照 - 评价

“冷笑话精选”申请挂牌新三板_证券_腾讯网

2015年10月14日 - 虽说开放、包容是新三板的招牌,但近期密集提交股转说明书或正式挂牌的公司还是让投资者顿觉脑洞大开。“冷笑话精选”申请挂牌 旗下拥有“冷笑话精选...

stock.qq.com/a/2015101... - 百度快照 - 71%好评

自媒体搏击资本市场 冷笑话精选欲挂牌新三板-股票频道-和讯网

2015年10月22日 - 长江商报消息 “餐饮老板内参”完成2000万元Pre-A轮融资、“冷笑话精选”欲挂牌新三板 继虎嗅申请登陆新三板之后,另一家靠着讲“冷笑话”发家的自媒...

stock.hexun.com/2015-1... - 百度快照

“冷笑话精选”申请挂牌新三板这可不是冷笑话 - 人大经济论坛

“冷笑话精选”申请挂牌新三板这可不是冷笑话 冷笑话精选、DIY私房菜、星座密语、一块去旅行……是很多人刷微博时都会看一下的大V号,最近,这些大V号做了一件...

图 6–2　《冷笑话精选》挂牌新三板的报道

伊光旭在飞博的持股达 50.42%，29 岁的他随着《冷笑话精选》的上市，成了身家过亿的上市公司 CEO。伊光旭在 2008 年读大学时就开始创业，2009 年在南京开始搭建微博自媒体团队，2010 年创办飞博共创网络科技有限公司，并成功打造草根微博第一的《冷笑话精选》微博，随着该微博上市，伊光旭也成为微博自明星中的第一人。

图 6–3 《冷笑话精选》的微博转发量

为什么伊光旭能把一个微博大号变成上市公司呢？其实最关键的一点就是粉丝。

一、庞大的粉丝量助力上市。《冷笑话精选》上市起到关键作用的就是粉丝量。为什么说粉丝是关键呢？因为粉丝的数量直接决定了伊光旭的收入，粉丝的数量越多，微博账号内容点击曝光率就越高，这样才能达到广告客户的要求。《冷笑话精选》现在的粉丝量已经达到了 1605 万。

二、粉丝的质量。有很多微博大号的粉丝量都是刷出来的，像这样的粉丝是起不到作用的。运用微博大号不仅仅需要粉丝量，还需要粉丝质量，也就是粉丝的活跃度。《冷笑话精选》的每条内容的转发量都在两三千，有些甚至达到好几万。

伊光旭能把《冷笑话精选》打造成一个上市公司，其最大的支持就是粉丝。

那么自明星如何才能像伊光旭一样为自己的微博大号吸引粉丝，让粉丝帮助自己获得更大的成功呢？可按照以下几点来做。

图 6–4 《冷笑话精选》的微博内容

内容定位

要成为微博自明星，首先必须找准自己的微博内容定位，抓住自己擅长或感兴趣的领域去做。比如你曾经担任过电商企业的运营相关职位，在电商方面有兴趣。那么，就可以将微博内容定位在电商领域。电商内容的微博比例尽量控制在 90% 左右，剩下的 10%，可以给电商相关的热点话题，粉丝红包、转发抽奖活动等内容预留。

显然，伊光旭将《冷笑话精选》的内容定位很明确，就是“笑话、幽默”小短文，而其他的微博也绝大部分是与笑话相关，然后根据实际情况发一些与笑话无关的热点内容。如图 6–4 所示。

内容要点

一、注意标题技巧。短微博第一句一般用作微博内容的标题，常见的方法是用“【 】”括住。一个好的标题可以迅速引起用户的注意，让余下的内容能够被阅读。可以去网上找一些标题写作的相关技巧，来提升自己的标题吸引力。伊光旭在《冷笑话精选》的第一条微博就采用了“【 】”的方式，如图 6–5 所示。

二、活跃的文字风格。很多专业领域的内容往往很枯燥，而大多数人都不喜欢严肃、枯燥的内容。如果能在专业的内容里加入一些网络因素，把文字风格活跃起来，那么粉丝阅读的欲望就会提高很多。这一点，《冷笑话精选》无疑把握得很好。

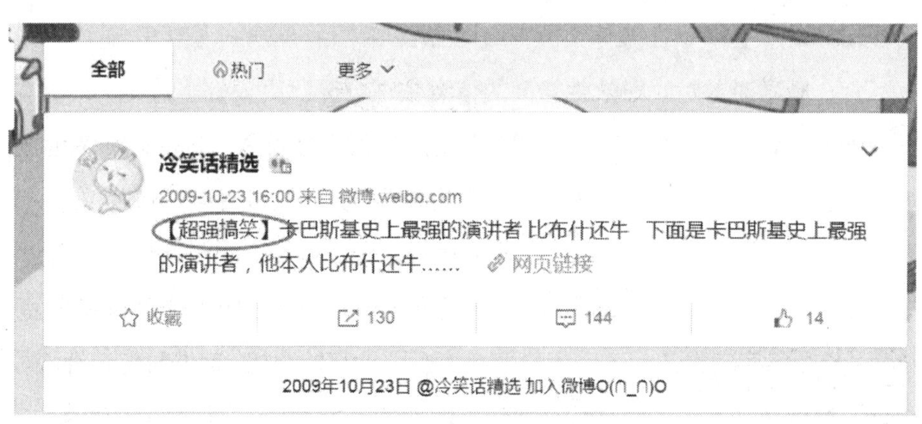

图 6–5 伊光旭在《冷笑话精选》的第一条微博就采用了【 】的方式

三、引起粉丝的共鸣。《引爆者》一书中的“引爆点 3 法则中附着力法则”就提到了粉丝共鸣这一点，作者是这样叙述的：“当被传播的信息是容易被注意、记忆的，则容易形成流行。”也就是说，能引起粉丝共鸣的信息，它本身更具附着力，更容易被传播。

四、有价值的内容。找到粉丝需求和个人定位的契合点，发布真正为粉丝带来利益、价值的内容。只有粉丝能够持续地从自明星的微博中获得有价值的内容，粉丝才会持续关注下去，而这样的关注也更容易转化为实际的利益。

五、借力网络热点。要时常关注网络热点，特别是和本行业相关的网络热点，能够排上热门话题和热搜榜的必定是有一定的影响力。经常关注微博这两个排行榜，抓住趋势，发布带热点话题的内容，能够为个人微博带来不少的阅读量。《冷笑话精选》经常会以今日热点为主题发布搞笑博文。如图 6–6 中的博文，主题

图 6–6 《冷笑话精选》关于电视剧《欢乐颂》的微博

就是 2016 年上半年在微博上掀起无数讨论话题的电视剧《欢乐颂》。

六、紧跟时效性。时效性较高的信息往往会得到更多粉丝的关注，带有发展性的重大热点事件更要加强跟进的力度，同时以最快的速度发布事件的最新进展情况。即使无法亲临现场，也可以通过引用、分析原发者的信息提升自己微博的影响力。

七、适当转发并评论精彩内容。看到精彩的，对自己微博粉丝有价值的微博、长文章应转发并加入内容总结或者提出自己的观点。转发时应勾选“同时评论原微博”，进一步提升互动的可能性。

八、适当发起投票。自明星要在微博上适时发布一些投票话题，这样对提高粉丝的关注很有帮助。因为参与投票的粉丝都会选择自动发布一条微博，这条微博会 @ 投票发起者，这有助于提升个人微博的曝光率。

九、合理使用换行。微博在 2016 年年初上线了换行功能，发布的博文支持换行显示。合理使用换行能够突出有效的重点内容，让粉丝阅读内容更高效。

十、规定每日发博量。自明星要自己设定一个每日微博发布量的标准，因为太过频繁地发布会造成粉丝反感，太少了又起不到效果。所以，把握一个适当的量是很重要的。

增加粉丝

在提升内容质量和数量的同时，不能忘了加粉。虽然好的内容能够带来一定的新粉丝，但如果能够做好以下工作，粉丝数量增加得更快。

一、参与互粉活动。与粉丝进行互动，只要在该微博下关注目标用户，适当私信请求互粉，每周可以带来 100 个粉丝。当然，互粉的目标用户也应该看重质量，尽量参与黄 V、微博会员、粉丝数较高的好友互粉，这些粉丝都有一定的购买力和影响力。《冷笑话精选》就经常和一些微博大号进行互动，利用他们的影响力来提高自己的关注度。如图 6-7 所示。

互粉的优点是快速、免费、能够保证质量，迅速提升自明星在微博上的影响力；缺点则是关注数量达到上限需要清理关注，容易触发微博安全机制，首页将充斥很多陌生人发布的内容。

二、向目标大V塞红包。微博的#让红包飞#活动，能够让个人微博向其他微博塞红包，通过联合发红包的方式给塞红包的人加粉。那么，寻找同行业比较有影响力的大V、自媒体人，如果他们的粉丝和自己的粉丝契合度高，就可以向他们塞红包，把对方的粉丝拉过来。这种加粉方式的优点是快速、方便；缺点则是花钱、不能完全保证粉丝质量。

图6–7 《冷笑话精选》与微博大号互动

三、转发抽奖活动。自明星除了自己发之外，还可以请求大V帮忙转发，在提升大V的活跃度的同时，也增加自己的粉丝数量，一举两得。设置奖品可以是现金，也可以是自明星自己推出的产品。设置奖品时要遵循这条原则："大奖越大越好，小奖越多越好，大小结合更好"。该增加粉丝方式的优点是粉丝指数级快速增长、投资回报率高；缺点是花钱、粉丝较少的时候需要找其他大号帮忙。

互动提升

自明星要在微博上建立强关系，要从互动开始。除了文字风格必须接地气之外，做好转、评、赞、私信的互动方式也是非常重要的，而且要在24小时内及时互动。

一、有转、评、赞、私信必回。如果粉丝转发了自明星的微博，并表达他们的观点，自明星要进行二次转发或评论回应。如果是纯转发，则可以到微博下点赞回应。收到粉丝的评论和私信，应该第一时间回复。收到赞的话，也可以到对方微博进行互动。不过要选择质量较高的微博进行转、评、赞、私信。这样既不会太耗费时间，也能加深粉丝对自己的印象。《冷笑话精选》虽然是微博大号，但是却非常“亲民”，经常与粉丝互动，回复粉丝的评论。如图 6–8 所示。

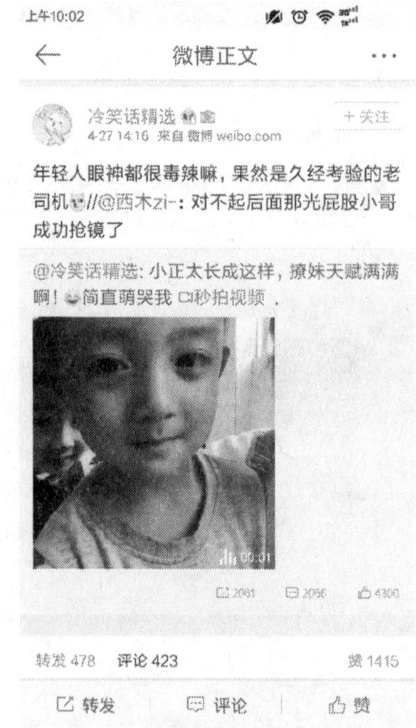

图 6–8 《冷笑话精选》与粉丝的互动

二、认真和及时回应。不管粉丝的观点是赞还是踩，如果是中肯、客观的，都要进行回应。回应是对粉丝最基本的尊重，要认真回应，做到言之有物，切实帮助粉丝解决问题。

三、建立日常互动圈。把内容质量高、定位相似的好友加入自己的“特别关注”分组，设定“智能提醒”，与他们互动，建立互动圈子。经常互相转发、讨论，与之做朋友，并逐步扩大圈子，最终形成行业社群。

第二节　另辟蹊径做好公众号

有人错过了 2003 年开淘宝店的时机，又错过了微博营销，而 2013 年火起来的微信公众号大家似乎都没有错过，因此，一头扎进了微信营销的浪潮中，很多人因为微信公众号这个自媒体的最佳阵地成为收入不菲的自明星。从腾讯公布的数据显示，2015 年微信公众号达到 200 多万，而且以每天 8000 个的速度在增长。显然，微信受到了越来越多人的欢迎。

案例：六神磊磊，写金庸写成的公众号自明星

六神磊磊，在自媒体江湖中，这个曾经在新华社任过职的年轻人有着超高的人气和商业价值。那么他到底是谁呢？熟悉网络的用户也许对这一段文字有印象：“这一生，我终于没什么成就。一直到死，我的粉丝也就三五十个人。我做到了坚持更新，我写了一千五百多首诗。我做了一个小号该做的事。……在死去整整半个世纪后，杜甫终于完成了中国文学史上一场伟大的逆袭。”这一段话在文学界造成了很大的影响，让很多从事文学工作的人感触颇深。就连韩寒也把自己的微信签名改成了：“李杜文章在，光焰万丈长”。

上午10:06

六神磊磊读金庸

猛人杜甫：一个小号的逆袭

2014-11-07 轻敲此处添加▷ 六神磊磊读金庸

文/六神磊磊

一、

公元７３５年，一个很平静的历史年头。

在大唐帝国的东都洛阳，一个２４岁的小伙子唉声叹气，用河南话骂着娘——他刚刚查了高考成绩，４００分。

这个落第的学渣，或者说大唐帝国的判卷老师——“考功郎”眼中的学渣，叫做杜甫。

图 6–9　六神磊磊发表的《猛人杜甫：一个小号的逆袭》

这是六神磊磊的成名作《猛人杜甫：一个小号的逆袭》中感人最深的一段，读过这篇文章的人都记住了他的名字，并且关注了他的微信公众号。他把唐诗用最时尚的微信语言包装一新，让人忍不住惊叹：“原来杜甫可以这样写！”如图 6–9 所示。

这篇文章关于小号的描述其实就是六神磊磊的真实写照，他本身是一个普通的新华社重庆分社的时政记者，一个唐诗和金庸爱好者，开了一个小号叫“六神磊磊读金庸”，但像杜甫一样做一个小号该做的事，认真写作，勤奋更新。不过，现在的时代不是古代，互联网加本身的才华，让他在不到 3 年的时间里成了风靡一时的公众号自明星，公众号的粉丝达到了 50 余万，出版作品集《你我皆凡人》，在北京插座学院的一堂公开课，698 元一张的门票很快就被抢购一空。除此之外，还被国家网信办授予“正能量公号”。

上午10:10

× 六神磊磊读金庸

金庸小说里的三个宣传部长

2014-07-22 轻敲此处添加▷ 六神磊磊读金庸

文/六神磊磊

一、

看了标题，你大概以为我胡扯：武侠小说里是什么世道，丛林法则盛行，一切靠刀剑和拳脚说话，需要什么宣传部长。

你错了。越是严酷和复杂的斗争环境，宣传工作越不能放松。

举一正一反两个例子说明：正面例子是郭靖。正因为有了得力的宣传部长黄蓉，为他经营公众

图 6–10 六神磊磊发表的《金庸小说里的三个宣传部长》

可是，他的成名作《猛人杜甫：一个小号的逆袭》并不是阅读量最高的，他最受欢迎的文章是《金庸、古龙、鲁迅会怎么写爸爸去哪儿》，其次是《金庸小说里的三个宣传部长》以及郭美美事件背后《大人物战斗过的地方》、快播事件的《请捂脸，坚持直播的勇气！》等，后台数据显示，这些文章几乎都有超过 100 万的阅读量。六神磊磊把新闻热点事件用金庸小说来解读，粉丝觉得特别有意思，这是六神磊磊能火的最大原因之一。如图 6–10 所示。

把握运营细节

一、做好前期规划。如果想做好微信公众号成为自明星，第一步就是要做好前期规划，确定微信主题，取一个符合定位、容易记忆、便于搜索的名字。如某某的微信号，无论在个人微信还是微信公众号，搜索这个名字粉丝都能找到并关注他。

二、微信认证。微信认证是微信公众号推出的一项收费附加服务，相当于为公众号提供了“官方”和“正式”的身份。想要成为自明星，那么取得一个微信认证是非常重要的。通过微信认证的自明星公众号在运营过程中至少能得到以下几点好处：第一点，更容易获得粉丝的信任。因为通过微信认证的公众号意味着更加“正规合法”，因此，大部分微信用户更加倾向于关注通过认证的公众号。第二点，更容易获得好的排名。当微信用户关注关键词搜索公众号时，通过认证的微信公众号更容易排到前面，从而获得更高的被关注概率。第三点，能够获得更强大的功能和服务。微信公众号现在分为资质认证和名称认证，通过认证的微信公众号可以获得高级接口服务和对号

形状的图标；通过资质认证而未通过名称认证的企业可以获得接口，但是没有对号形状的图标。

但六神磊磊的公众号并没有申请认证，这是因为他最开始是以个人的形式写公众号，并没有其他意思。到了后来，六神磊磊火了，已经得到粉丝的认可，就无须加 V 了。如图 6–11 所示。

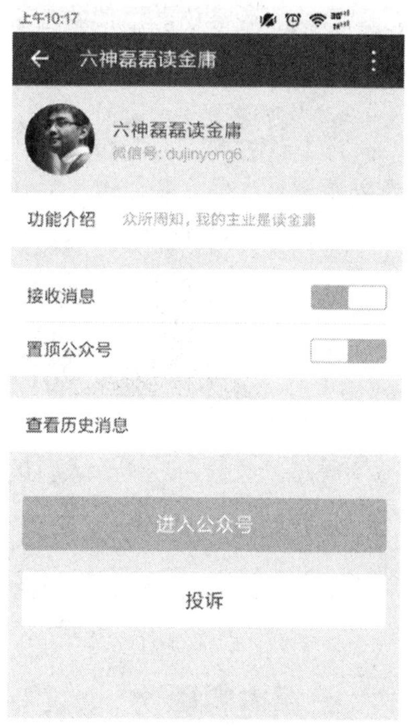

图 6–11　六神磊磊的微信公众号

把握推广技巧

一、微博推广、社交网站。在微博资料或者社交网站介绍中加入自己的微信号。可以在微博装修里放上二维码，方便粉丝扫一扫关注。也可以私信给自己的微博粉丝或者找其他大号帮忙转发。

二、QQ 群推广。自明星可以找到和自己定位相关的群，进行一对一互动或是群内互动。

三、微信号群组推广。微信号的门槛相对来说比较低，任何人都可以注册。自明星可以利用这一点多注册一些小号，然后通过小号向用户推送公众号信息。

四、微信红包。通过微信个人账号，建立多个微信群组，发放红包让群内用户转发文章、分享文章、关注公众号。

五、微信号互推。可以和其他微信号合作，进行微信公众号互推，我们经常可以看见很多公众号文章最后都有微信公众号关注的内容。

六、摇一摇。通过摇一摇让用户看到自明星的签名，让他们产生兴趣，或是更进一步告知添加我们的好处，这种互动方式效果非常好。

七、漂流瓶。每天可以弄几个鲜明话题的瓶子扔出去，或是捡回几个瓶子进行回复。

八、活动推广。活动的效果是最直接有效的方法，自明星可以适时举办一些活动，吸引粉丝。

九、软文推广。软文推广是自明星最常用也最有效的方式之一，利用信息来源名推广公众账号也是最能让用户关注的。

十、邮件推广。策划比较好的邮件模板，每天坚持给用户推送，效果也很不错。

十一、微信朋友圈。高质量的文章转发朋友圈会引来大量粉丝。微信公众号的粉丝来源最多的就是朋友圈，很多文章都是可以通过朋友圈扩散的，会使得阅读人数超过送达人数的几十倍。

十二、线下沙龙。线下沙龙和一些传统媒体联合举办行业沙龙，可以在签到处放一些二维码，方便用户快速扫描。

把握内容质量

一、抓住用户喜好。怎样的内容才是用户喜欢以及愿意分享的呢？一是文章主题积极、读完之后让用户感到兴奋的内容；二是让用户非常愤怒和恐慌的文章；三是让用户觉得自己消息灵通、见多识广的内容；四是实用且容易让人记住的内容；五是有价值的故事；六是特别有创意的搞笑漫画、图片。

二、做好内容安排。手机的使用时间是碎片化的，所以一定要限制发布的条数。如果太多不仅会让用户有抵触的心理，自己还劳心费力。微信公众号订阅号最多可以发送 8 条，但这也有点多。推送的文章可以分成三个到四个栏目。头条是干货，下面是资讯、杂谈、活动等。但前提条件是做好定位。干货的定位，提供具有实操指导性的图文，让用户可以照搬拿来用；资讯的定位，最新最劲爆，处于所处行业的前沿动态；杂谈的定位，就是关于生活趣事，要有正能量，要有自己的情感分享，让文章读起来有人情味；活动的定位，活动是根据个人或者企业的实际情况来做的，要让用户有参与性。

六神磊磊的公众号之所以会这么受欢迎，其内容质量毋庸置疑。首先，六神磊磊将公众号定位于武侠、古代历史的角度之后，其文章都是围绕这一

方面来写的，他吸引的也是有这一爱好的粉丝。同时，大多数粉丝都喜欢关注时事和社会热点。六神磊磊就根据用户的这一喜好，以金庸等人的角度去评论时事，观点新颖又有趣。这样，自然能得到用户们的喜爱。如图6–12所示。

三、进行内容编辑。编辑图文的时候除了要关注内容、图片之外，分段、标点、错别字都需要经过多次推敲。如果错误太多，粉丝会对你的专业程度和用心程度打折扣。在选择图片的时候尽量选择适合手机观看的、清晰专业的图片。注意排版，建议在手机上预览、修改、再预览，直到你的图文完美呈现，字体加粗、不同颜色突出重点等也要好好把握，形成属于自己的独特风格。

关于内容编辑方面，六神磊磊也是做得非常出色。就图片来说，六神磊磊都会根据每篇文章的内容去选择电视剧中的人物图片。比如《慕容复的教训："众筹"不是你能玩》，就选择了1997年黄日华版《天龙八部》中的扮演慕容复演员的图片，因为这是最经典的一部《天龙八部》，该演员版的角色也非常深入人心，非常有代表性。如图6–13所示。

图6–12　六神磊磊公众号的文章

图6–13　六神磊磊文章所使用的图片很有代表性

第三节　QQ空间打开“00后”心扉

以往，我们打开QQ空间，信息最多的就是好友分享的信息，而现在却发现QQ空间多了很多关于某个行业专业性知识的分享。现在的QQ空间已经不是单纯的个人发表心情的空间，很多人都把QQ空间当作自己的自媒体载体。QQ空间的自媒体多数都是由博客转过来的，我们可以发现很多站长网的软文都留下了自己的QQ号，QQ空间自媒体已然是一种趋势。

案例：懂懂，年赚几百万的空间自明星

自从一些新媒体出来之后，QQ空间就一直不被看好、被怀疑。很多自明星聊到QQ空间时，都会说“QQ空间不行、我们不做QQ空间”之类的。其实，一直通过QQ空间赚钱的大有人在。小到一个月赚几百元的，大到一年赚上百万上千万元的自明星都有。例如“懂懂”，他就是用QQ空间写日记年赚几百万的人。关注QQ空间自媒体领域的人都知道，他在这个领域成名已久，是老资格的自明星。那么，他是如何通过QQ空间日记年赚几百万的呢？

进入懂懂的空间，第一个感觉就是平淡无奇，没有任何装饰和布置，甚至连头像都没有。对于大家都在追求的QQ空间认证，他也没有做，总之整个QQ空间就是一个简简单单的日记空间（图6-14）。

对于一个自明星来说，如果每篇文章都有几千的点击量就很不错了，但是懂懂的日记文章点击量却非常让人惊讶。图6-15是其空间的日记截图，可以看到每篇文章都是一万左右的点击率，置顶的一篇更是高达5万多，而且还在一直增长。

只要懂懂一发布日记，马上就会引来粉丝的点击浏览，如图6-16中，《坍塌》，其发布时间是2016年4月21日凌晨2点35分，截图的时间是

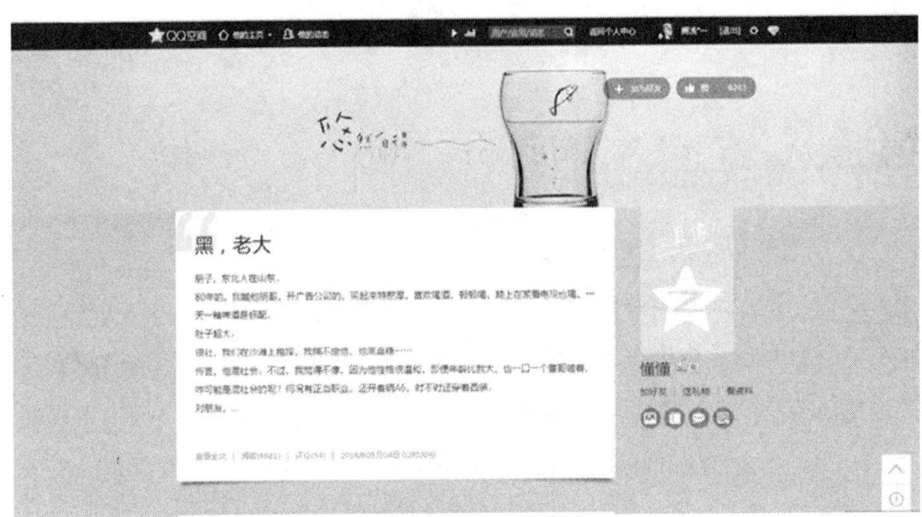

图 6–14　懂懂的 QQ 空间非常简洁

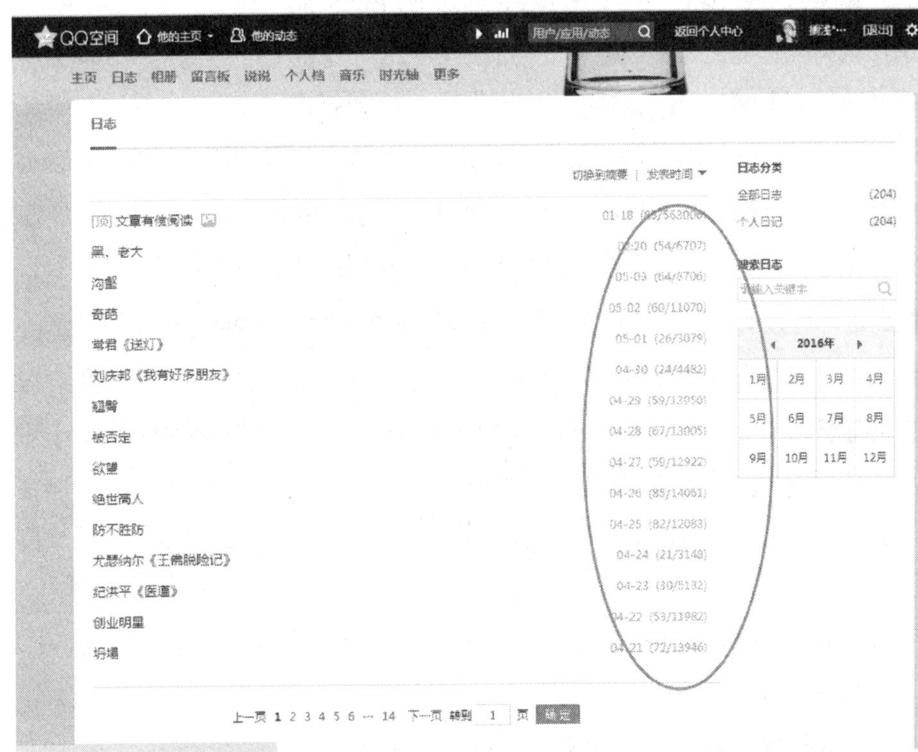

图 6–15　懂懂日记的点击量

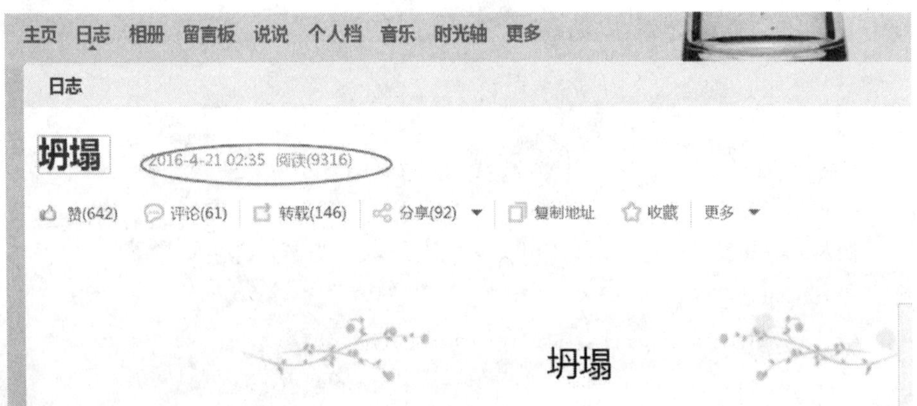

图 6-16　懂懂在空间发表《坍塌》后吸引大量粉丝点击

2016 年 4 月 21 日下午 3 点 2 分，12 个小时内，其吸引了 9316 次的点击，足以见懂懂空间日记的吸引力。

懂懂的 QQ 空间日记每天都会更新，有些文章的字数多达几万字，也不是什么高大上的文章，就是以日记的形式出现。他的 QQ 空间每天写的就是自己的身边事，自己的感悟，或是网络上的商业热点，不同的是他有自己独特的见解和个性化的东西。很多人都疑问懂懂的评论不是很多，其实并不是说懂懂的文章阅读流量造假，这正是他的一个赚钱策略。

那么赚钱和评论有什么关系呢？其实，懂懂的 QQ 空间日记是面向大众的，谁都可以阅读，但是想评论就要花钱，一年 1,200 元（图 6–17）。其实，这也就代表拥有 365 次的广告费用。有多少关注懂懂的人，就有多少人可以看到会员发布的广告（图 6–18），而且懂懂也会和付费粉丝聊天。

付费阅读就是懂懂年赚几百万的原因，而他们愿意付费，就是因为懂懂 QQ 空间内容的高质和庞大的流量。

QQ 空间做自媒体的优势

为什么有越来越多的人开始做 QQ 空间自媒体，就是因为它有它的优势存在。QQ 空间的优势主要体现在以下方面：

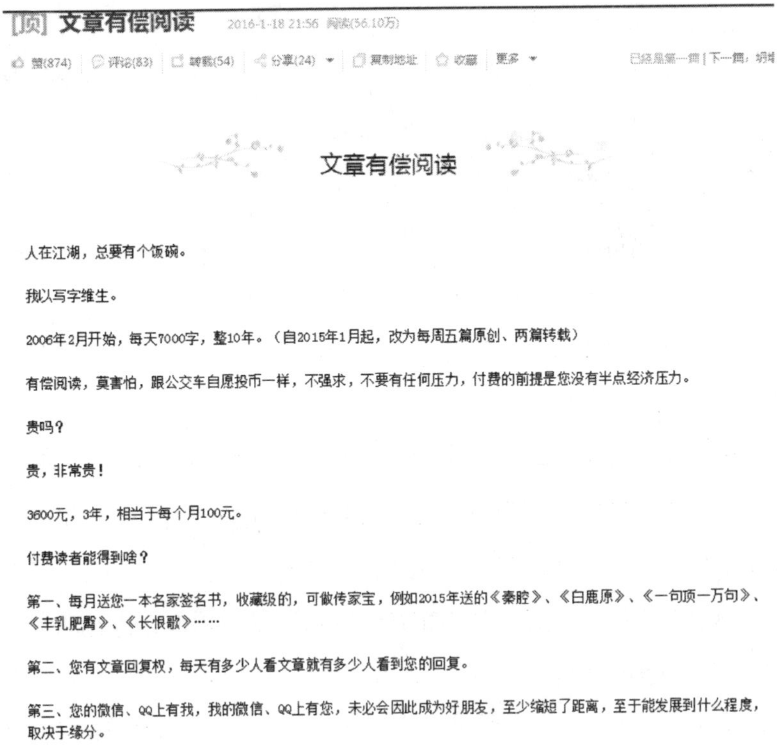

[顶] 文章有偿阅读 2016-1-18 21:56 阅读(56.10万)

赞(874) 评论(83) 转载(54) 分享(24) 复制地址 收藏 更多 已经是第一篇 | 下一篇：胡

文章有偿阅读

人在江湖，总要有个饭碗。

我以写字维生。

2006年2月开始，每天7000字，整10年。（自2015年1月起，改为每周五篇原创、两篇转载）

有偿阅读，莫害怕，跟公交车自愿投币一样，不强求，不要有任何压力，付费的前提是您没有半点经济压力。

贵吗？

贵，非常贵！

3600元，3年，相当于每个月100元。

付费读者能得到啥？

第一、每月送您一本名家签名书，收藏级的，可做传家宝，例如2015年送的《秦腔》、《白鹿原》、《一句顶一万句》、《丰乳肥臀》、《长恨歌》……

第二、您有文章回复权，每天有多少人看文章就有多少人看到您的回复。

第三、您的微信、QQ上有我，我的微信、QQ上有您，未必会因此成为好朋友，至少缩短了距离，至于能发展到什么程度，取决于缘分。

图 6–17 懂懂的文章有偿阅读

西藏旅游-朱小二

9楼 评论时间：2016-04-19 04:59:40 回复

经历是财富！

该评论来自手机Qzone

影文

10楼 评论时间：2016-04-19 05:22:51 回复

活了这么多年，越来越认同，你亲眼看到的都不一定是真相，没有亲身经历过的事情是没资格评论的。所以，人随着年龄的增长越来越包容是有道理的。我一直认为，存在即合理，身边的人也渐渐认同我这个观点。目前的状态：放弃了之前舒适的生活，为了我坚持多年的花粉事业只身在外创业，我也是不符合标准的老婆、幸运的是，我家老公很佩服我的坚持，因而是支持我的。

花粉姐姐

该评论来自手机Qzone

热闹的马路 @花粉姐姐花粉是啥东东
4月20日 11:44

我也说一句

图 6–18 付费会员在懂懂的文章下做广告

一、成本低。每个人都有 QQ 空间，不像一些站长网需要技术的支持。

二、适合圈养。QQ 空间适合圈养和多次营销，不像博客网站，看完后下次不知道何时再来。一旦粉丝加你为好友，如果你每天都有登录 QQ 发布信息的习惯，就能每天看到你在 QQ 空间发布的信息。

三、用户基础庞大。QQ 空间使用的人多，粉丝基础更是庞大。自明星要做的就是让粉丝加你的 QQ 或者关注你的 QQ 空间。

四、随意性。QQ 空间比较自由和随意，不像博客网站要写和网站相关的内容，而 QQ 空间是想写什么就写什么。

五、互动性强。QQ 空间互动性比较强，可以与粉丝随时进行互动交流。自明星甚至可以在 QQ 空间直播自己的所见、所闻。

六、安全性高。QQ 空间安全性高，不用担心被病毒袭击，QQ 空间还可以设置保密，手机绑定，安全系数相对于网站来说较高。而且腾讯在安全方面的工作做得越来越好。

七、内容多样性。QQ 空间发布内容可以多样性，可以是简单的几句话，也可以是一篇文章，甚至是一些图片。

八、曝光率高。QQ 空间曝光率高，不管是发表日记还是说说，粉丝很快就会看到。

懂懂会选择 QQ 空间作为自己的自媒体阵地就是这些原因。其运作成本低，不用多少互联网技术基础，适合圈养，粉丝关注后每天都能看到自己的文章，用户基础大，还可以随时与他们互动。随意性强，自己想写什么就写什么，也不用担心自己的 QQ 空间系统会崩溃。

提高浏览量的技巧

QQ 空间运作自媒体自然不是为了节省域名和空间的那点费用，主要的目的还是借助 QQ 空间的流量和平台。但是很多自明星虽然添加了很多好友，但是却不懂如何利用这些好友增加浏览量。那么，自明星该如何避免这一点呢?

一、赠送礼物。在 QQ 空间中有赠送礼物功能，自明星可以将它变成一

种变相提醒，增加与好友之间的联系，而且赠送礼物无须付费。那么给好友赠送礼物能产生多大的效果呢？自明星可以换位思考一下。如果你的朋友给你赠送了一份礼物，即使是免费的，你也会对这个人有所关注，最起码你会知道这样一件事，也许对方还会回送你一个礼物。这样一来一往，自明星和粉丝之间的互动就加深了。

二、利用QQ相册。QQ空间的动态是根据事件的顺序自动排序，如果对方的QQ好友过多，就不一定能浏览到你。但是QQ空间的个人中心中，有一个很好的免费广告位——相册。这是QQ空间系统自动推荐的相册，其中考虑的因素包括浏览量、点赞数、转载数，如果你的相册中含有让人关注的图片，就增加一次展示概率。所以，QQ相册是需要运营的引流重点之一。

三、借助工具。这里说的工具包括不限于QQ空间随机踩踏、QQ空间点赞、QQ空间群发评论等。这些工具都可以在网上找到一些免费开放的版本。这些工具能够帮助自明星得到不少流量，不过精准度不是很高。虽然精准度不高，但至少是真实流量。

四、建立交流群。这是自明星运作的主要模式，从某个方面来说，QQ群和论坛都具有交流的价值，但是各有利弊。论坛之于信息的保存更方便，而 QQ 群的即时交流性更强。除此之外，QQ 作为国内最受欢迎的 IM 工具，是可以实现即时交流的，而且有助于联系用户。

五、开通黄钻。开通黄钻的月费用只需要 10 块钱，不过却可以得到数倍甚至数十倍的回报。除了可以利用黄钻特权来装扮空间，使自己的空间更加亮眼，还可以增加一个广告位（QQ 空间个性动态展示个性签名）。这样，自明星的 QQ 动态就可以在别人的 QQ 中多一个现实的广告显示。

第四节 大神级问答造就知乎达人

知乎是一个真实的网络问答社区，链接着各行各业的精英。用户在知乎中彼此分享专业知识、经验和见解，源源不断地提供高质量的信息。知乎网站 2010 年 12 月开放，3 个月后就获得了李开复的投资，一年后又获得启明创投的近千万美元。很多自明星都是从知乎上成长起来的，在知乎推出知乎专栏。这个专门为知识型自媒体打造的博客，后来又有更多的自明星加入了这个阵营。可以说，现在的知乎就是自明星的大本营。

案例：傅渥成，知乎大神，4 年圈粉 10 万人

傅渥成，本名唐乾元，是南京大学物理系博士。唐乾元最开始在知乎上注册账号是在 2012 年，之所以取名“傅渥成”是因为当时流行的某句网络用语谐音。4 年后，“傅渥成”已经成了知乎问答里颇有知名度的知乎大神，还受到知乎的邀约，结集出版了 3 本电子书。如图 6-19 、图 6-20 所示。

那么“傅渥成”是如何成为知乎大神的呢?

一、“神回复”满满抖机灵。傅渥成虽然在南京大学学的专业是物理，但是傅渥成回答的问题可远远不止物理领域。生物、侦探小说、编程等相关的问题，都能找到傅渥成给出的回复，而且其回复的内容还颇考验粉丝的智商。

如一位粉丝提问“为什么 life is short，而不是 int 或 double 呢？”这可不是考英语，问题满满都是程序员们的编程“暗语”。傅渥成给出的答案是“子在川上曰：逝者如斯夫，不舍昼夜。所以在他看来，大概 life is float。（6-21）”很多人肯定看不懂。因此有粉丝在回复区加了注释：“short 在编程中是一种表示数字的数据类型，而且是有限的数字。而答主回答 float 这词在编程语言中也是种数据类型，表示带有小数点的数字。这里是比喻日子对

图 6–19 傅渥成的知乎账号

图 6–20 傅渥成的出版作品

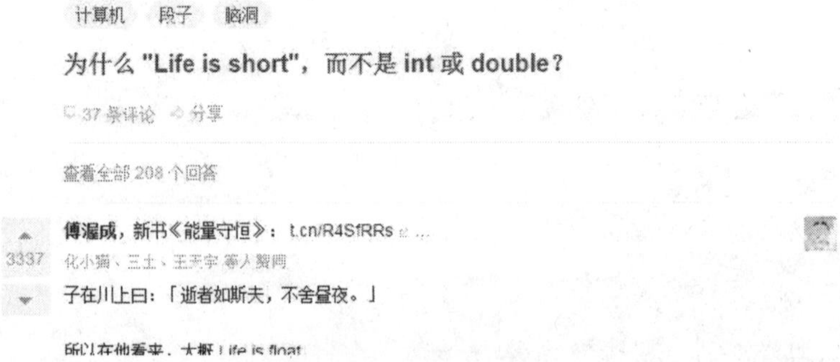

计算机　段子　脑洞

为什么 "Life is short"，而不是 int 或 double？

37 条评论　分享

查看全部 208 个回答

3337

傅渥成，新书《能量守恒》：t.cn/R4SfRRs ...

化小猫、三土、王天宇 等人赞同

子在川上曰：「逝者如斯夫，不舍昼夜。」

图 6–21　傅渥成回答网友的问题

于不同的人来看单位不一样，答主这里要表示的是对于孔子来说日子就是一个小数点，同时这个词在英文里表示流动的意思。”粉丝一揭示完，大家顺利地理解了这个问题背后的笑点，一语双关，满满地抖机灵。

二、后期偏重生物物理方向。傅渥成早期的回答较为烦琐，因为有些不是自己的专业，所以答得并不深入。的确，与物理和生物有关的问题，他的回答得到的点赞数更多。例如“如何直观形象、生动有趣地给文科学生介绍傅立叶变换”的回答里，傅渥成凭借着自己的专业知识作了一首诗：“我不再知道你在哪儿，只知道你离我远去的速度。我闭上眼睛不愿见到你远去，只听见汽笛声变得渐渐低沉下去。听不见你的琴声，只有琴谱还留在那里。将现实的世界，投向另一个空间，望着你在那里的投影。”为了方便粉丝们的理解，他还逐句给诗歌增加了物理学知识的注释，引来粉丝的叠高楼膜拜。如图 6–22 所示。

傅渥成高质量的回答吸引了近 10 万粉丝，“知乎大神”的称号不胫而走，他也因此成为网络世界中的“红人”。

知乎专栏让自明星更好发展

知乎的自明星之所以越来越多，知乎专栏的推出起到了很大的作用。有网友说知乎专栏的推出是因为 QUORA 有了博客。其实，知乎专栏是应运而生的。其主要体现在以下方面：

数学　傅里叶变换(Fourier Transform)

如何直观形象、生动有趣地给文科学生介绍傅立叶变换？

这里还有另外一个相似问题等待大家的答案：如何形象简单地讲解神经网络是什么？

6 条评论　分享

查看全部 62 个回答

384

傅渥成，新书《能量守恒》： t.cn/R4SfRRs ...

小小的萩雪、半月黑、ming Cheng 等人赞同 · 收录于 编辑推荐

当你听到我的声音时，你便知道是我来了；
我见到你的面孔；我便知道那就是你【1】：
一切都那么自然，我从未仔细想过其中的道理。
但从你离我远去的一刻起，这个世界全都进入了一个颠倒的空间里【2】。

我不再知道你在哪儿，只知道你离我远去的速度【3】；
我闭上眼睛不愿见到你远去，只听见汽笛声变得渐渐低沉下去【4】；
听不见你的琴声，只有琴谱还留在那里【5】；
将现实的世界，投向另一个空间，望着你在那里的投影【6】。

我多么想知道你的一切，
我在低频的影子里，寻找你身体的轮廓；
我在高频的影子里，寻找你的每个细节。【7】
在Fourier的频谱空间里，你永远在这里。

这个东西是前面突然想到写的，下面是一些注释：
【1】对声音的识别和对面孔的识别现在常用的方法也都是通过谱分析的方法进行的；
【2】物理学家（尤其是晶体学家）常常用"倒空间"来说Fourier空间，动量空间，例如正空间中的面心立方在倒空间里就是体心立方；

图 6–22　傅渥成在知乎的回答

一、在知乎上自问自答的用户越来越多。自问自答的原因有很多，比如找不到对口的问题，还有一些就是为了宣传自己的其他自媒体平台。

二、是微信等严格的审查制度迫使自媒体需找新的出路。现在微信的审查制度越来越严格，很多微信知名的自明星都因为微信的审查制度而离开。因此，自明星们需要寻找新的发布渠道，而审核环节相对宽松的知乎，显然成了自媒体的首选之地。

三、知乎需要领域内的意见领袖。在知乎上，大多数人是根据经验和知识面来回答问题的，但是也有很多人在某一个特定的领域有着自己独到的见解。一方面，他们渴望能够将自己在该领域的经验进行集结，系统性构建出

自己的知识体系；另一方面，其他用户也可以在一个特殊的渠道查看他的知识理论体系，而无须到处寻找散落的回答。

知乎快速升级的技巧

一、传播模式。首先，大多数人接触到知乎都是通过朋友圈和微博的链接。比如发现一个热门问题的有趣回答，然后对知乎产生了兴趣，注册成为用户，接着粉1号答主，并在此基础上关注他赞过的回答，继续扮演N+1号答主。接着就搜索自己感兴趣的问题来关注，甚至搜索微博大牛，希望得到对方的关注。其实，这种形式就类似于“举孝廉”的制度。一个新手村答主需要经营起自己的原始人脉圈，让粉丝比你多的答主关注你，尽可能地出现在他们的刷新页面，用他的点赞带动你人气的增长。

二、选择准备回答的问题。在问题的选择上，如果是已有的问题那最好选择关注人数多但回答人数较少的类型，同时最好沙发前排不要好几个已经被采纳的回答，这样你的回答会上一个上排行的渠道。

三、回答的技巧。对回答问题的内容来说，要避免冷门和高门槛。选择问题时最好遵循热门、有趣、大众化、入门级、符合人性等原则。（符合人性是指那些用户最容易关注的话题如金钱、情感、饮食、禁忌、玄学等）

四、补充说明。知乎的回答相对来说要比百度知道回答得长一点、深入一点。但是如果太过冗长艰深，懒一些的用户又看不懂，反而不利于传播。在碎片化的时代，“长”并不是优势，现在大部分的人都很难通过屏幕去深度阅读。

傅渥成在给用户回答问题时，如是一些不太好懂的形式，比如上文用诗的形式作答，就会再给这段回答做补充说明。这样既不会减少答题的新颖性，又能让粉丝看得懂。同时他的答案也控制了字数，避免因为太长而让读者减少阅读的耐性。如图 6-23 所示。

384
傅渥成，新书《能量守恒》：t.cn/R4SfRRs …
小小的寂寞、丰月男、ming Cheng 等人赞同 · 收录于 编辑推荐

当你听到我的声音时，你便知道是我来了；
我见到你的面孔，我便知道那就是你【1】：
一切都那么自然，我从未仔细想过其中的道理。
但从你离我远去的一刻起，这个世界全都进入了一个颠倒的空间里【2】。

我不再知道你在哪儿，只知道你离我远去的速度【3】；
我闭上眼睛不愿见到你远去，只听见汽笛声变得渐渐低沉下去【4】；
听不见你的琴声，只有琴谱还留在那里【5】；
将现实的世界，投向另一个空间，望着你在那里的投影【6】。

我多么想知道你的一切，
我在低频的影子里，寻找你身体的轮廓；
我在高频的影子里，寻找你的每个细节。【7】
在Fourier的频谱空间里，你永远在这里。

这个东西是前面突然想到写的，下面是一些注释：
【1】对声音的识别和对面孔的识别现在常用的方法也都是通过谱分析的方法进行的；
【2】物理学家（尤其是晶体学家）常常用"倒空间"来说Fourier空间，动量空间，例如正空间中的面心立方在倒空间里就是体心立方；
【3】从坐标空间变成了动量（速度，频率）空间，我在这里还想暗示由谱分析的方法所能推导的Heisenberg不确定关系的存在；
【4】通过Doppler效应，从频率的变化推断物体的运动速度；
【5】对声音的Fourier分析，得到振动谱（也正是乐谱）；
【6】Fourier分量等于在Fourier空间基矢上的投影；
【7】频谱分析的高频、低频信号的特征。

关于Fourier变换，另一个好的文章是《不确定原理的前世今生》，猛烈推荐：
songshuhui.net/archives…

图 6–23　傅渥成给自己的回答做的注释

搜集资料的技巧

要成为知名自明星，就要懂得搜集资料的技巧，知识是无穷尽的，你再博学也不可能懂得所有东西，而且知乎上用户提出的问题花样繁多。所以，搜集资料不断充实自己是非常重要的。那么，要如何搜集资料才有效呢？可以参照以下几点来做。

一、信源第一。搜集资料在精而不在多，要想资料质量齐整，就一定要花精力去研究信息来源，哪个信息渠道是靠谱的，哪个是不靠谱的，一定要

有所把握。

二、资料搜集要系统。搜集资料时千万不要东一榔头西一棒子。应把相关的资料放在一起，相互印证，这样很快就能勾勒出一个细分领域的面貌，而单独的资料有时可能会造成误导。要懂得顺藤摸瓜，发现一份资料时，就去搜寻其引用或者推荐的内容。

三、资料要整理。存储资料时，去掉没有价值的信息后再进行存储，而不是保留全文，这样可以缩小后期的搜索范围。

四、资料要初步评估。收集完资料之后，在查阅时虽不需要细读，但一定要快速浏览一遍结构，知道大致的内容，这样才能对资料进行更好的分类，也可对其重要性做初步的评估。这就是占有资料和掌握资料的区别。

就像是傅渥成，他对于不是自己专业领域的问题，都是经过搜索资料、仔细分析后再给出粉丝答案，既确保了答案的准确度，也不会影响自己的专业形象。

第五节　文艺青年深耕豆瓣

豆瓣是现在广受大家喜爱的社交平台之一，人们可以在豆瓣中发布、评论、分享自己的生活，并且互动的过程中还能影响到某些人的观点。在豆瓣上做推广巨头强大的口碑传播力，豆瓣上的粉丝会愿意将你的品牌分享给其他人，让大家都能看到。其实，豆瓣的影响力到底有多大，在现实中已经得到了无数次的验证。豆瓣上的口碑观点直接影响了一本书、一部电影、一部电视剧的口碑，甚至销量、票房和收视率。因此，豆瓣也是许多自明星喜欢的平台之一，特别是那些有着某些文艺情结的自明星。

案例：小川叔，豆瓣最温暖治愈的电台大叔

小川叔，先后在动漫、广告、公关、电视、房地产行业工作过，是时尚

杂志的撰稿人、专栏作者，业余 NJ，拥有 5 档网络电台节目。

职场 10 年，先后横跨了 3 个领域，换了 7 份工作，每次都是从头开始，每一次都是跨界转行，从普通文员做到品牌总监，从月薪 1700 做到年薪 40 万，善于自我总结和剖析，用平实的文笔回溯职场经验，以满满的正能量感动了无数豆瓣网友，被豆瓣网友称为最温暖、最治愈的电台大叔。现在我们就来看看小川叔是如何成为豆瓣红人的吧！

一、用文艺吸引粉丝。小川叔在豆瓣成名的第一步就是因为他准确地把握了豆瓣网的特色——文艺。所以，他经常在豆瓣上分享文章。文字很朴实，但是却很有正能量。如图 6-24 所示。

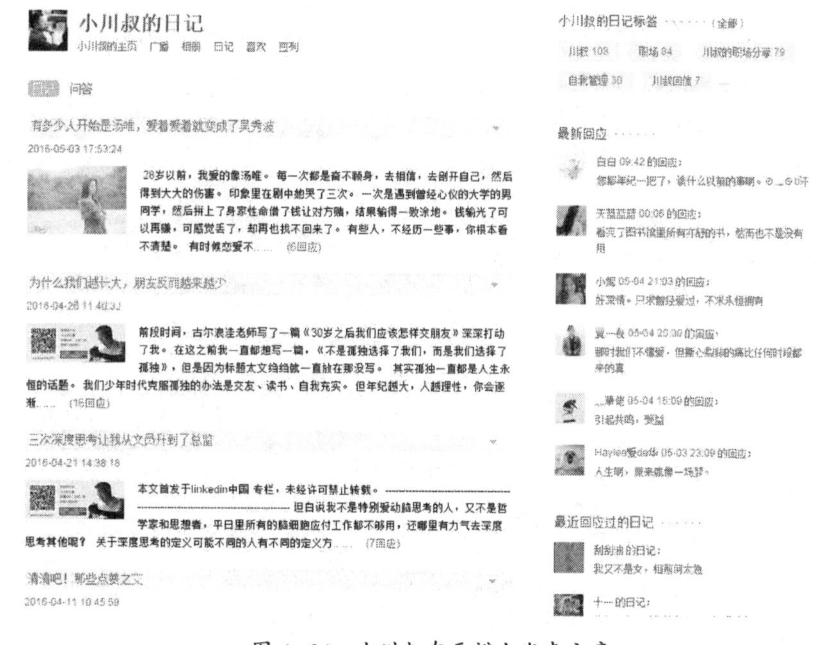

图 6-24　小川叔在豆瓣上发表文章

二、做自己的特色文艺。豆瓣网最受人关注的其实是一些影评人，他们评论各种电影、书籍等优劣。但是小川叔并没有追随这股大潮，而是选择了在豆瓣上分享自己的职场经验和人生经验。如图 6-25 所示。

三、反鸡汤职场教条。其实，关于职场教条、人生经验的作家、书籍多

豆瓣douban 首页 浏览发现 移动应用 游戏 线上活动

三次深度思考让我从文员升到了总监

小川叔 2016-04-21 14:38:18

本文首发于linkedin中国 专栏，未经许可禁止转载。

坦白说我不是特别爱动脑思考的人，又不是哲学家和思想者，平日里所有的脑细胞应付工作都不够用，还哪里有力气去深度思考其他呢？

关于深度思考的定义可能不同的人有不同的定义方式，我个人的粗浅认为是，能自我提问。能逐层深入，并具有逻辑性，能自我寻找答案并产生现实的指导意义的，都是深度思考。往往我遇到这种机会的时候就是摊上大事儿的时候。

第一次深度思考：转换跑道背后带来的除了薪水还有规划

我第一次深度思考关于人生和未来这件事已经31岁了，在职场当屌丝混了七年，从未有过任何职业规划，都以兴趣和好奇心为前提随意更换工作，热爱创意更爱自由，讨厌自我重复。七年换了六份工作，做过服装设计、动漫杂志、图书策划、时尚记者、电视编剧、最后进入了广告圈成了一名文案，后来又被调去公关部负责活动执行。

那时候我对工资总是不满意，对前途总是迷茫，对自己总是不自信，对发展总是搞不清楚，那时候我不信什么计划，我总爱说，计划没有变化快。

图 6–25 小川叔发布的《三次深度思考让我从文员升到了总监》

不胜数。但小川叔为什么能从这么多人中脱颖而出，受到粉丝的关注呢？其实，就是因为小川叔职场教条的反鸡汤特色，他分享的文章并不是给人一种看似有理却无任何实际操作可能性的职场鸡汤，而是给你直接点出职场的残酷，并且教你可实际操作的、应付职场各种问题的方法。

小川叔凭借以上三点，在豆瓣上越来越受到粉丝的喜爱。现在，他的豆瓣粉丝数已经超过了 5 万多人（图 6–26），并出版了多本关于职场教条、人生经验的书籍，每一本销量都很好。

利用豆瓣营销特色做自明星

作为国内最大的社交平台，兴趣互动、营销于兴趣是豆瓣营销的特色，

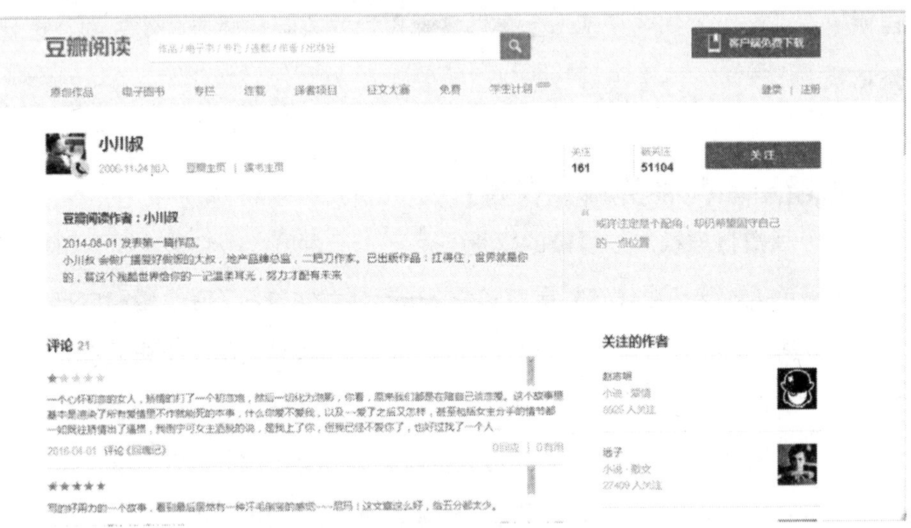

图 6–26　小川叔豆瓣的粉丝数量

豆瓣粉丝在此构建了基于共同兴趣爱好的社交关系。在这里，比起同学、同事、亲戚，他们更愿意信任豆瓣友邻的评论和推荐。因为他们认为豆瓣的豆友和自己品位相同，且在某些方面的专业性更值得信任。豆瓣营销的特点具体体现在以下方面。

一、豆瓣汇聚着很多行业精英、意见领袖（也就是自明星），他们参与的活动必然会引起众多追随者的参与和媒体的曝光。

二、豆瓣技术平台商业信息的最佳结合，适合新企业、新产品，通过产品功能进行精准细分，粉丝在豆瓣发现生活消费的新方式，尤其是经过豆瓣自明星推荐过的企业品牌和产品更能迅速得到粉丝的认可，并打开知名度。

三、豆瓣粉丝消费力强，是中国互联网用户中商业价值最高的群体之一。粉丝价值高，自明星的广告价值自然也高，因此有很多企业都喜欢选择豆瓣自明星投广告。例如小川叔，他的书籍出版后，有很大一部分都是豆瓣粉丝购买的。

四、豆瓣粉丝关注品牌、关注流行，互相影响，这十分有利于新兴品牌的推广。也就是说，想成为自明星的新人，只要你有才华、有能力，就能很快得到豆瓣粉丝的认可，并迅速成为豆瓣红人。

五、与传统门户网站依靠大规模、高成本的市场营销推广的方式不同，自明星在豆瓣上的知名度基本上是依靠最原始的人际传播方式实现的，也就是依赖于“一传十、十传百”的口碑传播。

自明星如何在豆瓣上做推广

一、豆瓣日志推广。豆瓣的权重非常高，像百度、搜狗这些搜索引擎都对豆瓣赋予了特殊权重值。如果自明星把一篇文章同时发布在豆瓣和自己的网站上，豆瓣的排名往往高于自己的网站。豆瓣日志是自明星一个非常重要的推广地，但是在豆瓣写日志，想要获得好的排名也需要一些技巧。如小川叔的豆瓣日记《有多少人开始是汤唯，爱着爱着就变成了吴秀波》，在百度引擎搜索时，发布在豆瓣网上的文章排在了搜索引擎的第一位。如图6-27所示。

百度为您找到相关结果约1,170,000个　　搜索工具

有多少人开始是汤唯,爱着爱着就变成了吴秀波

1天前 - 这次她有没有哭我不记得。比起伤心、难过、和所有的舍不得之外,不敢再去爱,才是最大的后遗症。有多少人开始是汤唯,爱着爱着就变成了吴秀波。和很多人...

www.douban.com/note/55... - 百度快照 - 87%好评

有多少人开始是汤唯,爱着爱着就变成了吴秀波。(北京遇上西雅图之...

这次她有没有哭我不记得。比起伤心、难过、和所有的舍不得之外,不敢再去爱,才是最大的后遗症。有多少人开始是汤唯,爱着爱着就变成了吴秀波。和很多人保持...

movie.douban.com/revie... - 百度快照 - 83%好评

有多少人开始是汤唯,爱着爱着就成了吴秀波-小象优品-微头条(...

1天前 - 有多少人开始是汤唯,爱着爱着就成了吴秀波 作者|小川叔 28岁以前,我爱的像汤唯。每一次都是奋不顾身,去相信,去剖开自己,然后得到大大的伤害。...

www.wzaobao.com/p/147M... - 百度快照 - 评价

图 6-27　小川叔的豆瓣日记的百度搜索排名

第一，在写豆瓣日志时，标签处要填写好文章的关键词，有助于排名的提高。第二，一个新的账号在前两三篇日志十分容易被收录，但后面的收录就慢了。所以，一定要坚持下去。第三，多准备几个账号，这样可以有效防止被封号。第四，日志可以换号去回复一下，回复内容要与文章内容相关，这有助于排名的提高。第五，如果日志排名上去了，最好将日志设置为不可

回复，因为排名高的日志会收到很多垃圾广告，影响排名，还容易被豆瓣监控，甚至删除文章。

二、豆瓣小组推广。豆瓣小组推广分为三个层面。第一，利用人气高的小组直接推广。像星座小组可以直接推广淘宝客；兼职小组可以推广各种兼职；同城小组可以直接推广商家、交友类。这样直接发帖推广虽然可能经常面临删帖、封号，但效果却很不错。第二，发帖推广（面向搜索引擎）。豆瓣小组的帖子很容易被搜索引擎收录，而且有好的排名，不过这也需要一些技巧：首先，既然是面向搜索引擎，就要防止被人为地删帖，最好的办法就是自己建立一个小组发帖。其次，自己建立的小组不能太商业化，这样如果帖子流量大了，很容易被举报，一旦举报成功，整个小组就会被解散。所以，自明星在建立小组时最好以生活、文艺类为主，这也正好符合豆瓣的文艺风定位。第三，设置小组权限。粉丝在加入时需要通过管理员审核，不然如果你的文章排名上去了，很容易惹来垃圾广告的评论。如图 6-28 所示。

图 6-28　豆瓣小组的推广界面

第六节　上美拍大秀颜值

从 2013 年开始，微视频浪潮初现，微视、乐播、趣拍等微视频软件纷纷出现，整体表现不温不火。不过，从 2014 年开始，微视频开始呈现爆红趋势。顺带出一款名为“美拍”的视频软件，在粉丝群中快速走红。随着美拍的走红，出现了很多美拍红人。

案例：子晴，备战“双 11”，借力美拍日入万元

2015 年的“双 11”大战相较于往年显得更加激烈，对众多淘宝店主而言更是一场营销的硬仗。对已是皇冠级卖家，美拍达人的子晴来说，却在“双 11”大战中收获颇丰，在“双 11”当天，子晴收入万元（图 6-29）。而她成功的秘诀就是利用美拍等社交媒体进行“小而美”的行销模式来实现人气引流。那么，子晴到底是如何做的呢?

图 6-29　子晴的淘宝店

一、利用视频展示新品。子晴是2014年4月底开始玩美拍的，当时她只是觉得这个视频软件拍出来的短视频很漂亮。没多久，子晴的美拍就被推上了美拍热门。最高纪录时，一天就有上万的粉丝关注子晴。子晴在视频的评论下面发现很多人评论她的衣服很好看，还有人询问她的衣服是在哪儿买的。子晴觉得，似乎可以拍个漂亮的短视频来拓展商机。此后，子晴便把美拍当成她的新品发布平台。这样，粉丝不但能够通过视频的形式看清衣服的上身效果，子晴还可以和大家实现更多的互动。如图6–30所示。

图6–30 子晴在美拍上展示店铺新品

二、始终以粉丝为导向。借助美拍这种短视频互动形式，淘宝运营的“人—物”关系链转变为“人—物—人”，无形之中赋予了产品人格魅力，这有利于淘宝店主进行差异化经营。截至2015年年底，子晴在美拍就已拥有了79.1万美拍粉丝。她在美拍的运作始终以粉丝为导向，根据粉丝的爱好来展示自己，然后把粉丝引流到自己的淘宝店中。因此，子晴淘宝店的活跃度非常高。如图6–31所示。

三、兼职模特，卖货更像卖“偶像”的生活方式。子晴兼任店主和模特的双重身份，在美拍上除了和大家分享外出拍片的作品之外，也会分享一些心情、分享生活中一些好玩、好吃、好用的东西，有时也会抽空回答一下网友提出的问题。

有业内人士指出，其实像子晴这类自明星利用美拍等社交平台与粉丝进

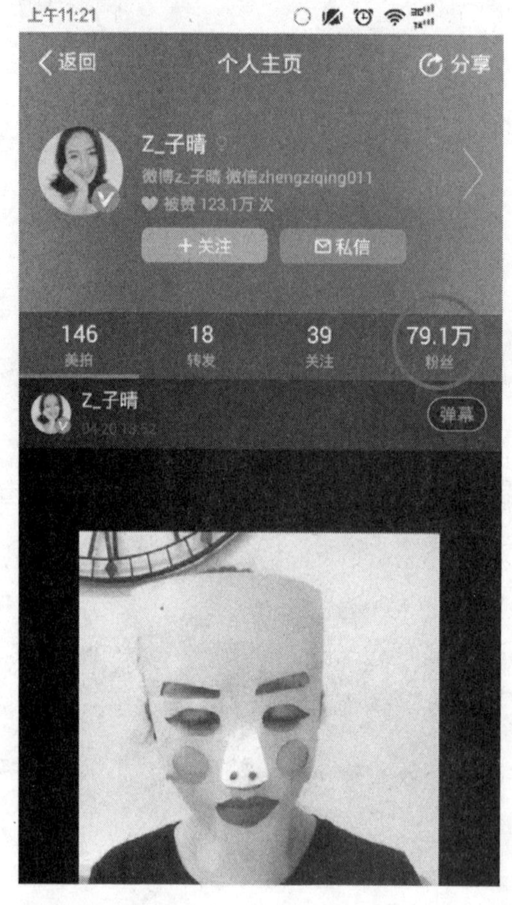

图 6–31　子晴的美拍粉丝数

行互动、塑造自我形象，输出美好、乐观的生活态度，本质上就是售卖“偶像”的生活方式。这种通过社交平台吸引、聚焦粉丝，在淘宝上将粉丝变现的能力就是这类自明星的核心竞争力。稳定的粉丝转换率、精准的粉丝群体，让营销成本趋于零。

注重工具属性，瞄准女性刚需

爱美是女人的天性，美图旗下主打产品如美图秀秀、美颜相机等凭借贴心的功能和多样化滤镜广受女性欢迎，甚至成为她们手机中必备的自拍软件。从粉丝特征看，美拍女性用户居多，她们对于美的关注和要求更高，也更在意上传的图片或者视频是否足够“炫”。美拍瞄准了粉丝这一刚需，让普通用户也能制作精美的 MV。而且美拍与美图秀秀等其他产品均为同一个团队打造，因此在产品调性上有很强的延续性。

除了提供更多的效果，美拍简单的操作模式降低了用户的拍摄成本。美拍将剪辑、滤镜、水印、音乐、高清画质这 5 大要素打包成 MV 特效，把所有视频处理复杂的后期工作，都打包成一键“傻瓜”式操作。美拍之所以会受到这么多自明星的欢迎，也就是因为它的操作流程够简单，不用过多的技术支持。

例如子晴，从最初的 2 人经营到后来的 70 人的团队，从亲力亲为到专

项品牌化运营，子晴的淘宝店在粉丝的支持下实现了巨大的转变。子晴也从一个淘宝店主，变成美拍上的自明星。而这个转变的过程，子晴无须投入太高的成本，因为美拍的功能已经解决了子晴的这一困难。同时，美拍的粉丝群特征正好符合子晴的粉丝群特征，这样的针对性营销更是让子晴省下了不少行销成本。

搭载微博，玩转新媒体社交

短视频应用除了天然的工具属性之外，融入的社交元素也可以有效提高粉丝的使用频率以及黏性，于是社交成为必备元素。美拍用户是以女性粉丝为主，而多数的女性都喜欢自拍，因此形成了良好的传播链条。具体来说，美拍用户登录之后，就可关注微博好友的视频动态，粉丝可以随时搜罗到好玩有趣的视频和更新，打破了传统社交的生硬模式。

除此之，用户可通过新浪微博、FACEBOOK 账号、QQ、微信账号登录美拍，并导入好友。除了通过社交分享扩大影响力，美拍还添加可解锁模式，增加视频的游戏感。除了普通 MV 特效，粉丝将美拍推荐到自己的朋友圈才能解锁该模式。

第七章

自明星的经营策略

对于自明星来说，除了自我价值的实现之外，如何能将个人的自明星价值转化为可利用的商业价值，或者说实现商业化变现，才算是整个自明星体系的完成。本章，我们就一起来探索如何实现自明星的商业价值。

第一节　硬广模式：做大家愿意看的硬广

什么是硬广呢？硬广是指直接介绍商品、服务内容的传统形式的广告，是通过刊登报刊、设置广告牌、电台和电视台播出等进行宣传。硬广是人们比较熟悉的一种广告模式，现在，不管是硬广还是软广，呈现的形式都越来越多，例如网络硬广就出现了打开页面时自动弹出广告的方式。而硬广模式也是自明星的主要经济来源之一。现在，我们就来看看自明星是如何做硬广的。

案例：吴立志，有了八卦，硬广粉丝也爱看

吴立志，是微博大号“八卦_我实在是太 CJ 了”博主。他的微博时常分享热门的天涯八卦帖子，爆料娱乐圈八卦，偶尔也会调侃当下社会生活以及人物状态。微博内容贴近生活，文字极具个人特色。现在，吴立志的微博大号“八卦_我实在是太 CJ 了”的微博粉丝量已经达到 901 万（图 7–1），所发微博最少有千位数的转发量和评论量，有些微博的转发量甚至能达到好几万。例如他在 2016 年 4 月 26 日发布的一条微博，其内容是关于热播剧《欢乐颂》剧组的严谨性，即使是情节中的一篇抹黑人物的文章都是事先策划好的。这篇微博截至 4 月 26 日，转发量就达到了 4 万，评论量 1 万，点赞量 3 万的好成绩（图 7–2）。这些数据足以表明吴立志的微博热度非常高，得到了很多粉丝的认可。

当吴立志的微博红了之后，就有很多广告商找他做广告，而硬广是其最主要的广告模式。这些广告商中不乏乐视、小米、魅族这些大企业。微博是自明星最多的媒体渠道，而微博的实时传播、信息发散度广的特性，更是让许多广告商把主意打到了微博自明星的身上。所以，很多自明星的收入就是

图 7-1 “八卦__我实在是CJ了”的微博

图 7-2 《欢乐颂》主题内容文章该微博的点赞、转发、评论量

来源于微博的广告。不过有很多自明星遇到这样一个难题，即使粉丝多，平时的互动率也不错，转发量一般也在 3 位数以上，但是只要一发硬广，互动率立刻下降，甚至还可能出现零的情况。但是他的微博硬广粉丝的活跃度却不低。从图 7-3 中我们就可发现，他的转发量达到了 2,504，评论量 729，点赞量达到了 379。在微博硬广中，这样的成绩算非常好了。

让内容品质打败一切

我们先来思考一下大众心理，很多自明星在发布信息时出现零互动率的情况并不奇怪，因为微博的购物属性并不强，尤其是对于还不怎么忠诚的粉丝，直接发布广告信息很容易让他们产生厌烦感，很可能会导致他们取消关注。简单来说，关注只是表示好感，并没有代表爱上了你。如果你在好感阶段就对让其对你产生反感，那么结果可想而知。

图 7–3 关于“魅蓝手机”的硬广

图 7–4 网友对硬广的评论

那么是否这样就表示，微博不适合发布硬广呢？其实不是，粉丝关注一个品牌的微博，对与之相关的产品信息是有了解需求的，当然也包括促销信息，但这是指品牌微博。而自明星的微博通常是通过各种话题聚集起来的，粉丝一般都没有直接的购买需求，所以发布硬广是不合适的。

可是没有硬广就会减少很大一笔收入，自明星们应如何解决这个问题呢？其实很简单，那就是你的内容高度已经达到了，于是粉丝可以直接忽略广告的程度，甚至还会因为信任你进而关注广告内容。

吴立志的微博显然做到了这一点。因为其内容品质的高度已经可以让粉丝忽略硬广给自己带来的负面体验感，以至因为相信他，也相信他所发的广告。甚至还有些粉丝理解自明星也是需要收入的，而硬广就是他们的收入来源之一，为了支持自己的偶像，所以也会对硬广的微博进行传播和互动。如图 7–4 所示。

内容有创意，硬广粉丝也爱看

内容贴近生活，符合粉丝的好奇心理。那么，即使是硬广，也会有粉丝去转发评论。现在很多创意就是在热点新闻出现时，抢在第一时间做创意。自明星可以学习以下这些企业的营销。如北京刮沙尘暴，世纪佳缘的微博就出现了一个创意微博："天空啊下着沙，我却没有 TA。"搜狐视频："天空啊下着沙，看完美剧再回家。"58 同城："你要多少沙尘暴，才肯换一个离公司更近的家。"这些微博刚发出来，一众深受沙尘暴之苦的粉丝都积极转载，表示认同。所以有些好内容，有创意的内容，粉丝明知道是硬广，也喜欢看。

第二节　软文模式：脑洞大开的软文推广

软文模式基本上每个自明星都会使用。例如以个人网站、博客、微信公众号、今日头条等媒体网站为自媒体载体的自明星，软文模式就是他们的运营核心。

软文，顾名思义就是相对于硬性广告而言，与硬广告相比，软文之所以叫作软文，精妙之处就在于一个软字，它将宣传内容和文章内容完美地结合在一起，让粉丝在阅读文章时顺便了解策划人员所要宣传的东西。一篇好的软文是双向的，既能让粉丝得到他想要的内容，也能了解宣传的内容。

案例：鬼脚七，用软文分享淘宝运营经验

鬼脚七，知名自媒体人，编辑。真名文德，是前淘宝搜索负责人，其自媒体账号覆盖了 1260 万电商人群，是电商自媒体中的佼佼者。

鬼脚七对搜索产品技术、团队管理、电子商务、国学智慧、移动互联网

都有深入研究。之前负责过淘宝搜索产品和技术，长期专注于搜索引擎、电子商务，是业内有名的活跃人士。其分享的淘宝搜索知识实用性很强，备受专业人士的关注，尤其是与之息息相关的淘宝卖家。他分享专业知识的载体就是利用软文。鬼脚七现在的微信公众号粉丝近 50 万（图 7–5），微博粉丝量达到了 47 万（图 7–6），其发布的软文更是被各大网站转载分享。其成功的关键点就是因为他的软文创作十分独特。 分析来看，他的软文有以下三个特点：

一、把内容当作产品，提前规划成系列，按主题来写。鬼脚七曾在淘宝一线工作，了解搜索和电商，所以就把这方面的文章做成一个系列。鬼脚七对老子、传统文化方面也有研究，因此也将这方面的心得文章规划成一个系列。除此之外，鬼脚七还会按季度来规划内容。每一季做一个主题，例如第一季叫爱自己、第二季爱生活、第三季聊工作、第四季看实际，每季持续 3 到 4 个月，能写六七十篇，一季结束后就出一本书。鬼脚七最近的系列文章

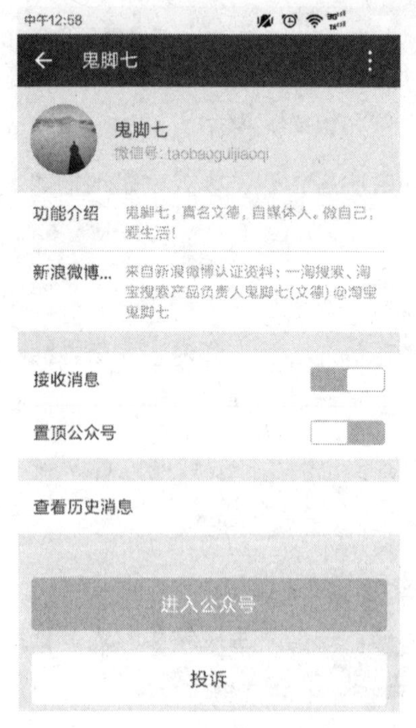

图 7–5　鬼脚七的微信公众号

图 7–6　鬼脚七的微博

主题则是《行走》。如图 7–7 所示。

二、比较少写一些热点事件，要写就写一年后还能放进书里的。鬼脚七的软文很少写一些跟热点事件相关的文章，因为这类文章有一个弊端，热度消散得快，没有多次传播的可能。因此，鬼脚七写软文都是写一年后还能放进书里的，有阅读价值的，可以重复去看的。如鬼脚七在去年写的关于淘宝“双 11”达到 912 亿销售的文章，其中分享的东西放到 2016 年同样能用到。如图 7–8 所示。

三、只做原创。很多自明星的账号关于心灵鸡汤、摘录、转载类的内容占据了很大一部分，虽然这类软文转播量不小，但是价值不大。经常发这种文章，粉丝对账号背后自明星的认可度、认识度不会很高。因此，鬼脚七的文章基本都是原创的。

图 7–7　2016 年《行走》主题系列文章

盘点双十一：912亿背后的六大原因

原创 2015-11-12 鬼脚七 鬼脚七

【导读】为什么在中国经济增长放缓的背景下，在去年双十一做了571亿这么庞大的数字的前提下，今年总体交易额还能有60%的高速增长？看完或许你会明白。

双十一成功背后的6个原因

文/鬼脚七

天猫双十一购物狂欢节已经结束，还有很多人沉浸在那个让人震惊的数字里：912亿，简单回顾一下吧：

图 7–8　鬼脚七《盘点双十一：912 亿背后的六大原因》

软文要素

一、营销策略准确。自明星要写出一篇好软文，营销策略一定要准确。能把粉丝从 A 点运到 B 点。A 点是现状，比如粉丝知道你的品牌，但却不知道你有什么优势；B 点是目标，比如用户读完后很心动，给你打咨询电话。同时，自明星还要搞清行业的发展趋势，技术更新趋势，综合考虑之后，在 A、B 点之间找到平衡点——你的营销主题。

二、挖掘主诉素材。要直白地写，可以采用打比方的方式，尽量少用专业术语，让粉丝看清你的技术到底好在哪儿，对他有什么好处。这样，粉丝就会对你的产品有全方位、多层次的理解。

三、多维视角。有些自明星写软文走单纬度视角，写出的东西同质化程度高，粉丝看过几篇后就迅速翻页了，产生一种"这个自明星所有的文章我都看过"似的感觉。优秀的软文就像美剧，有同一条主线，每一集都有不同的内容，粉丝才会喜欢上，从而继续追剧。

四、写软文像写新闻。策略上，系列追踪形式、标题撰写都要讲究；细节上，措辞、排版布局、图片都要注意。很多自明星写的软文除了像硬广，还有很多小错误，让人一看就知道不是很专业。

五、激发共鸣。"你懂我，我会优先选你"，好的软文就能产生这种魔力。在产品同质化严重的行业，共鸣是突围的利器。

写作思路

一、文章切入。所谓文章切入点，就是作者写这篇文章是从什么方向来写，从什么角度来写这篇文章，或者说你写的文章主题是关于什么的。例如《如何让你的软文提升流量》这篇文章，它的切入点就是"流量"。

二、标题。很多人认为做"标题党"不好，其实不然。在软文中的"标题党"是文章标题写得很出色、很有诱惑力的，让人情不自禁地想去看里面的内容。标题是点睛之笔，如果标题起得好，那么你这篇软文就能事半功倍。

三、内容。软文写作中最重要的就是软文内容，一篇好的内容是让粉丝能够认真看下去的必要条件，也是“标题党”不会成为真正的“标题党”，引起粉丝反感的关键所在，更是软文营销效果最大化，留住粉丝以及后续回访的基础条件。要把软文的内容写好，文章的内容要有以下三个特点：首先是实用。自明星写的文章是对粉丝有价值、有用处、能够给粉丝带来帮助的，软文无须堆砌华丽的辞藻，只要能给粉丝带来价值即可。其次是创意。自明星写的软文要有新颖性，能让读者眼前一亮，这样容易引起用户的好奇心。最后是易懂。自明星写的软文不要太高深，不要咬文嚼字，用字用语要让粉丝容易明白。

四、品牌融合理念。意思就是把自明星的品牌理念融合到软文中，清晰地把自明星的品牌通过软文的形式传达给潜在粉丝。简单地说，就是文章中要含有自明星的印记。融入品牌理念时要有技巧性，要选择合适的地方隐性加入。

软文效果评估

软文效果评估主要有以下几种形式：

一、文章流量分析。也就是这篇软文的点击量、IP 等数据分析。

二、文章置顶、置首率分析。简单地说就是有多少篇文章被媒体推荐了。

三、文章的转载率。也就是说软文写好之后有没有人转载，有多少人转载，转载率可以说明这篇软文的受欢迎程度。

四、搜索引擎收录分析。搜索引擎有没有收录这篇文章，或者说这篇文章在不同平台上被收录多少，搜索软文的关键字是否可以找到这篇软文。

第三节　众筹模式：寻找自己的小众受众

众筹是指用“团购 + 预购”的方式向粉丝募集项目资金。众筹利用互联网和 SNS 传播的特性，小企业或个人对公众展示他们的创意，争取大家的关注与支持，进而获得所需要的资金援助。

现代众筹是指通过互联网方式发布筹款项目并募集资金。与传统的融资方式相比，众筹更为开放，能否获得资金也不再是由项目的商业价值作为唯一的标准。只要能得到粉丝的支持，创业者就能通过众筹获得资金。可以说，众筹为更多小本经营或者创作人提供了无限的可能。同样的，对于自明星来说，众筹模式也为他们提供了无限可能。而现实中，确实也有很多自明星通过众筹获得了不少创业资金。

案例：王通，《自明星》图书也开始众筹

绝活传媒刚刚成立的时候，王通就打算出一本叫《自明星》的图书，他和秦刚都认为，自明星是自媒体的升级版。因为自明星不仅有粉丝，还有信任，所以，在相同的粉丝数量下，自明星的创造价值远远高于自媒体。

因此，在 2016 年 1 月 13 日，王通就通过自己的个人网站为《自明星》这本图书发起了众筹（图 7–9）。现在我们就来看看，王通是如何为自己的图书做众筹的吧！

一、邀请粉丝共同创作这本书。这主要是为了提高粉丝的参与感，一旦粉丝获得了参与感，那么支持众筹的机会就会大许多。那么什么是共同创作呢？《自明星》这本书是由王通和秦刚主编，一共邀请 36 位自明星加入编委会。

二、设置参与编委的条件。王通的粉丝那么多，肯定不会邀请所有的粉

图 7–9　王通发起《自明星》图书众筹

丝都加入编委会。因此设置条件是必需的，而且设置加入门槛，可以找到一些更有才华的人加入。加入《自明星》编委要满足以下三个条件。

首先，拥有个性和粉丝：要么是做得好玩又有趣，要么在某个垂直领域有一定的知名度；其次，撰写 2,000 字的个人故事，写自己做自明星的经历和经验分享；最后，订 100 册以上图书。

三、加入编委会的好处。为了提升粉丝的参与热情，早日完成众筹。王通还列举了成为《自明星》编委的好处。(1)品牌提升。36 位自明星一起推广，图书的销售肯定不成问题，图书封面还会加上编委的头像和二维码，可以有效提升个人品牌。(2)圈子资源。加入这本书的编委会建立起一个自明星联盟，成为一个圈子，同时给大家提供更多的合作机会。(3)业务机会。绝活传媒每个月都会帮大众客户做推广，有不少预算是用在自明星推广上的，加入编委会的自明星将放在合作的首选。(4)专业指导。绝活传媒会给大家提供长期的在线指导，为大家提供更多更好玩的自明星运营策略和资源，同时赠送自明星训练营在线课程一次。

后来加入《自明星》编委会的已经包括绝活传媒的 5 位创始人，以及玩车教授、放牛哥等十几位在各个领域小有名气的自明星。

众筹的特征

一、低门槛。没有身份、地位、职业、年龄、性别的限制，只要自明星有足够的想法和创造能力就可以发起项目。

二、多样性。众筹的方向是具有多样性的，在国内众筹网站上的项目类别就包括了设计、科技、音乐、影视、食品、漫画、出版、游戏、摄影等。众筹项目的丰富多样让自明星有充足的选择余地。

三、依靠大众力量。支持者大多数都是普通的草根民众，公司、企业或者风险投资人非常少，所以，只要自明星拥有足够的粉丝，就可以把这些粉丝变成自己众筹项目的支持者。

四、注重创意。只要你有足够的创意，你就能发起众筹项目。而创意和才能恰恰是很多专业领域内的自明星所具备的。

选一种适合自己的众筹模式

众筹，主要分为四种模式，分别为股权式众筹、奖励式众筹、债权式众筹、捐赠式众筹。每一种众筹模式都有其特定的运营方式、针对的项目、目标人群，因此，自明星要把握好这四大模式的特点，从中选择出自己最需要、合适的众筹项目。

股权式众筹：企业面向投资者出让一定的股份，投资者缴纳相应的资金入股企业，成为该企业的股东之一，获得企业的未来收益。这种基于互联网渠道而进行融资的模式就是股权众筹。股权众筹还有另一种定义，就是“私募股权互联网化”。

奖励式众筹：分为回报式众筹和预购式众筹，是指投资人在投资某个项目后，发起人可以获得非金融奖励作为回报，如一些实物产品、VIP 资格等。奖励式众筹在创新领域运用得比较广泛，尤其是电子、科技产品领域。预购式众筹是指预先销售，发起人在线发布新产品或者服务信息，投资者可事先订购产品，支付众筹款项，从而帮助发起人完成众筹融资。这种模式除了能帮助创业者融到项目开发的资金，还能起到事先对市场进行调研和分析的作用。

债权式众筹：投资者对项目或者公司进行投资，获得其一定比例的债权，未来收取利息收益并收回本金。债权模式有些类似于P2P的形式。对投资者的回报是按照约定的比例给予利息，届时投资者除了可以收回本金，还可以得到承诺的收益。通常这样的收益是低于股权众筹的，但其风险也更低。另一方面，很多债权众筹网站包含了某种形式的安全条款，在借款人无力还款的情况下给投资人保障，这些都是股权众筹所不具有的，因此债权众筹相比于股权众筹是更高风险的投资。不过债权式众筹虽然有一些安全措施，但是风险依然不低，所以，最好将资金分散在不同的网站，使投资者组合多样化。

捐赠式众筹：是指投资者与筹资者之间的法律关系，其本质上是属于赠与合同关系。我国《合同法》规定："赠予合同是赠与人将自己的财产无偿给予受赠人，受赠人表示接受赠予的合同。"在捐赠式众筹模式中，投资人是赠予人，筹资者是受赠人。投资者向筹资者提供资金以后并不要求任何回报，筹资者也无需向投资者提供任何回报，因此捐赠式众筹具有无偿性。在众筹平台发布的慈善项目，本质上是筹资者向投资者发出邀约，只要投资者以某种方式承诺，双方达成一致，就可接受投资者的赠予。投资者做出承诺的具体形式应当是其在众筹中介上向筹资者筹资账户打款的行为。也就是说，只要投资者的打款行为完成，那么这一赠予合同即告成立。合同成立后，投资者可和筹资者依照赠予合同的规则获得相应的权利义务。

在这四种众筹模式中，股权众筹、奖励众筹是最适合自明星的众筹模式。奖励众筹是自明星使用最多的方式，很多自明星成名之后，都会推出一些产品，例如图书。很多自明星都会通过奖励众筹的方式，来推广自己的书籍。例如冯冬阳的《草根自媒体达人运营实战》就是通过众筹的模式完成的。股权众筹只有当自明星发展到一定的程度，有了固定的规模和收益之后才可进行，例如《罗辑思维》。债权众筹更像是一种投资行为，因此也比较适合自明星。自明星可以利用自身的影响力来用捐赠众筹模式做公益，这样一来除了能帮助有需要的人，也可提高自己的形象。

图 7–10　微信平台界面

把握众筹的推广技巧

自明星如果想要自己的众筹项目被更多人知道，就要懂得推广。推广的方式有很多种，例如利用社交媒体的传播属性做推广。

一、微信。它可以说是新型的推广武器，无论是大企业还是小品牌都会通过微信进行推广，很多自明星也拥有自己的私人微信号。微信之所以受欢迎，是因为它的效果非常好，微信朋友圈的传播能力更是惊人。一篇文章一旦被分享，就能达到一传十、十传百、百传万的效果。如果自明星在自己的微信或者微信公众号上发布众筹项目信息，那么其效果肯定很惊人。如图 7–10 所示。

二、微博。微博的推广效应有多强大，已经在现实中得到无数次的验证了。微博有两个特点：第一，不管优劣，人人都能写上几条。第二，可以被无限制的关注，人人都可以随意转发互动。这两个特点可以得出三个结果：第一个结果，信息传送的速度变快，一条信息能达到几何级数的传播；第二个结果，受众多，先不说几亿的微博用户，单是自明星本身的粉丝数量就不容小觑，而且其粉丝大多能集中到微博上；第三个结果，通过微博影响粉丝比其他方式更加直接和容易，因为微博是舆论的掌控地。这三个结果对自明星众筹项目的营销至关重要，可以让信息在最短的时间内被粉丝熟知。微博强大的推广效应，也被更大自明星所看重，很多自明星为了吸引更多的众筹项目支持者都会在微博上进行推广，有些自明星甚至在微博上直接发起众筹项目。如图 7–11 所示。

三、人人网。人人网是一家成立于 2005 年的校内网，粉丝以白领和学生居多。它通过真实的人际关系满足不同粉丝的不同社交、咨询、娱乐方面的需求。人人网的出现，让粉丝在虚拟的网络环境中，实现与他人更真实、更轻松的联系。人人网的真实性特点以及白领和学生居多的特点，让它成为除微信、微博之外的第三大社交营销推广平台。很多自明星都会在人人网上进行营销推广，且都得到了不错的效果。如图 7–12 所示。

四、豆瓣。豆瓣是很多文艺青年最喜欢的社交平台。在豆瓣上，粉丝可以自由发表有关书籍、电影、音乐、

图 7–11 微博平台界面

图 7–12 人人网平台界面

科技产品等评价。也可随意搜索别人的推荐，其内容、分类、筛选、排序等功能都是由粉丝自己决定，甚至可以自行选择主页出现的内容。它以个性、中立、公平、犀利的评价伴随形成的有效推荐机制构成了众多风格迥异的小组，吸引了众多粉丝的加入。豆瓣的粉丝多是文艺青年，他们对事物的评价和看法得到了很多粉丝的认同，因此，现在很多粉丝在观看一部电影或是书籍的时候都会以豆瓣评价为参考。豆瓣显然已成为市场口碑的引领者。许多自明星在出书或者推出某个产品时，都会事先在豆瓣网做口碑营销，利用口碑推动销量。如图 7–13 所示。

图 7–13　豆瓣平台界面

五、论坛。论坛也是非常重要的一种推广渠道。天涯、百度贴吧、知乎、猫扑等知名论坛都拥有庞大的粉丝基础。在论坛网上做推广效果非常不错。论坛营销发展较早，但是影响力仍不小，其人气与影响力不但能够快速提高自明星的知名度，而且对于自明星形象的树立也非常有帮助，可以让自明星的众筹项目熟知度得到最大限度的覆盖。如图 7–14 所示。

论坛网址推荐_论坛大全_hao123论坛

百度贴吧	天涯论坛	猫扑大杂烩	新浪论坛
豆瓣社区	凯迪社区	搜狐社区	中华网社区
水木社区	西祠胡同	强国论坛	凤凰论坛
新华网论坛	网易论坛	55BBS	论坛大全

查看更多>>

图 7–14 各大论坛平台

第四节 免费模式：免费也能来吸金

俗话说“天下没有免费的午餐”，但与之形成鲜明对比的是，我们的生活中随处可见免费报纸、免费食物、免费软件等各种免费产品。层出不穷的免费模式用传奇的发展速度吸引着众人的眼球，很多自明星也开始通过免费模式来吸引粉丝。

案例：秋叶，先玩免费，再玩增值

有很多互联网公司都喜欢先给粉丝提供免费的产品，等积累一定量之后，再对产品的 VIP 功能进行收费。其实，这种商业模式不止在互联网界被广泛应用，在自明星界也一样。就如秋叶，这个办公室软件领域的自明星也将免费模式玩得很好。现在我们就来看看他是如何做的吧！

一、基础内容免费。进入幻方秋叶的微信公众号，我们就会发现他在公众号上分享的文章都是免费的（图 7–15）。这些文章非常实用，都是干货。很多粉丝都表示其操作性非常强（图 7–16）。

二、课程收费。要运营一个公众大号，需要资金的支持。秋叶运营公众

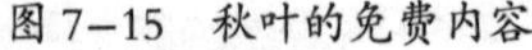

图 7-15　秋叶的免费内容

图 7-16　粉丝对秋叶分享内容的好评

号的目的也是为了盈利，所以不可能一直免费下去。但是如果是收费阅读，那么粉丝必然流失得很快。为了避免粉丝的流失，秋叶采取了一个办法。就是推出课程收费模式。幻方秋叶的收费课程包括了 PPT、EXCEL、WORD、阿文信息图标、职场技能课（图 7-17），每个课程的价格不同。不过，虽然课程收费，但是秋叶制定的价格并不高，这种物美价廉的增值方式让秋叶的收费课程很受粉丝欢迎。如图 7-18 所示。

秋叶的“免费——增值”路线走得很好，很受粉丝欢迎。关键是他抓住了“产品第一”这一点。秋叶一直认为产品一定要放在第一位，只有一个好产品才能通过产品自身的优势免费获取大量的粉丝。如果免费粉丝都没办法留住，就无法吸引新粉丝，更不可能完成从免费向付费的转化。因此，秋叶所发布的文章内容，都是能够真正帮助粉丝的，能够解决粉丝痛点的。

图 7-17 秋叶的收费课程

图 7-18 秋叶课程的收费和学习人数

盈利从免费开始

所谓的免费模式就是指自明星利用大众乐于接受“天上掉馅饼”的心理，借助免费手段销售产品或者服务，建立庞大的粉丝群体，塑造品牌形象。然后再通过配套的增值服务、广告费等方式获得一定收益的商业模式。这种商业模式本身成本很低，而且“免费”的金字招牌对粉丝有着无穷的吸引力，能在短时间内使自明星迅速占领市场并扩大知名度。尽管现有的免费模式花样繁多，从免费到实现利润的路径也大相径庭，但究其根本，可以总结为以下两种类型。

第一种，平台打造与产品加载。在信息经济时代，信息和知识的集大成者本身就拥有巨大的潜在价值。他们在信息集成的基础上，借助创新的资源整合模式，将既有的信息资源转化为有效价值，这一过程也使其积累并形成了模式运行所需要的知识库，冯东阳、秦刚、罗辑思维都属于这种模式。

网络产品的边际成本很低，甚至可以说为零，即每新加的消费量对产品总成本的影响力非常小，借助互联网的强大影响力，自明星可以通过加载增值服务、广告和互联网产品等迅速产生“库经济”效应。

第二种，品牌扩展与交叉带动。粉丝对信息的掌控能力不及自明星，所以很容易出现由于不放心而放弃购买自明星产品的行为。此时，自明星如果以免费平台带动产品信息流动，即可达到增加收费产品销售的目的。

部分免费是自明星品牌扩展最常用的方法，这种方法能够自动识别不同的粉丝，实现多级价格实际带来的剩余利润，并通过增加与粉丝之间的接触程度达到销售产品的目的。

相比于部分免费模式，全部免费似乎会让自明星失去盈利的可能，但是只要产品的质量足够好，前期的免费产品成本完全可以通过提高粉丝忠诚度的方式收回。

自明星如何经营免费模式

一、分析产品特性，满足免费经营条件。自明星实施免费模式必须确保产品或服务满足三个条件：粉丝数量足够多、增值足够大、能够有效绑定粉丝。

二、准确定位目标市场。准确定位目标市场的重要性体现在两个方面——节约成本和塑造品牌，尤其是免费产品的提供需要大量成本作为支撑。除此之外，自明星还可以把免费产品作为一种营销手段，进行病毒式传播。这样，有利于在目标受众中塑造品牌形象。

三、从价值链中深挖粉丝需求。实施免费模式的自明星要敢于打破常规思维，从满足粉丝需求的角度出发，不断对增值服务项目进行创新。

四、着眼于价值创造。免费模式的最终目标是为粉丝提供系列产品或是成套的服务解决方案。所以，自明星需要整合产品和服务，打开后续市场。免费的产品或是服务可以通过新价值来弥补，只要新价值足够大，前端产品即使全部免费也能够盈利。

五、坚守“免费”承诺。针对部分免费模式，自明星必须对其免费的产品和服务坚守承诺，如果只是把免费当作噱头，在成功忽悠粉丝购买产品后再进行收费，无疑是在赶粉丝。所以，免费之后的收费服务要建立在不伤害粉丝信任的基础上，让粉丝心甘情愿地为增值服务支付合理的费用。毕竟，自明星只有坚守免费承诺，让粉丝真正感受到免费的体验价值，他们才愿意把自明星的品牌信息、产品信息、服务信息传播给其他人。

自明星要避开免费模式的误区

有些自明星认为“免费”是百试百灵的法宝，所以不加区别就到处滥用，结果造成了一笔笔毫无回报的营销投资。

误区一：认为任何市场都适合使用免费模式。不是所有市场都适合免费模式，一般而言，适合免费模式的市场至少要具备以下特征：第一，粉丝数量众多，市场足够庞大。一项免费产品或服务在推出后能够招来大量的消费者，这样自明星才有可能通过后期加载产品和服务实现盈利。第二，产品边际成本低，市场影响力大。低廉的边际成本可以让自明星降低负担，但如果是巨大的固定成本，自明星只有依靠足够大的市场影响力才能确保成本收回。第三，信息数据和知识库具有开放的市场空间和潜力。自明星不仅需要依靠免费平台吸引粉丝，还要在后期加载各种增值服务或是提供关联产品，从而通过交叉销售获取利润。

误区二：认为任何服务都适用免费模式。免费模式的适用范围具有鲜明的特征，即自明星必须确保免费平台有足够大的吸引力加载产品或服务的能力。即使无法实现产品或服务的加载，自明星的自媒体平台上的信息也应该具有开发的价值。

此外，对于部分免费模式，关于免费和收费的边界问题，自明星一定要处理好，否则很容易引起粉丝的强烈反感。实施全部免费的自明星要确保免费模式中传递的信息都是有利于后期产品销售的，能够对粉丝心理产生正面影响。

误区三：认为只要粉丝接受免费产品的吸引就成功了。由免费向收费的过渡是免费模式的关键点和难点。因此自明星在设计免费模式时，要注意如何以粉丝接受的形式推动自媒体平台的最终盈利。事实上，很多自明星的产品和服务通过免费模式推广之后，都能赢得粉丝的支持，一旦开始收费，就会流失大量的粉丝。

免费模式的 7 种盈利方法

一、体验模式。粉丝对待新的产品往往抱着怀疑与渴望的双重态度，让粉丝感觉到安全与信任，就成了自明星营销的核心。体验模式是粉丝先进行体验，获得信任后，再进行成交的方式。这种模式具体可分为两种：一种是自明星设计可以用于体验的产品，粉丝可以免费体验产品，感觉良好后再进行购买；另一种是和时间挂钩的免费体验。就是粉丝在单位时间内，可以免费体验该产品，而后进行交费才能享受长期的服务。

二、第三方资费模式。自明星需要粉丝，而一些企业更需要自明星的粉丝，从而就转化成了一个资源对接的平台。简单地说，就是消费自明星产品的粉丝将会获得免费，而需要资费的则是想拥有自明星粉丝的第三方。如个人网站、公众平台、微博等自明星。

三、产品型模式。免费获得产品，对于粉丝来说具有极大的吸引力。通过某一产品的免费来吸引粉丝，而后进行其他产品再消费的方式。这种模式是一种产品之间的交叉型补贴，也就是说，某一个产品对于粉丝是免费的，而该产品和维系该产品的费用则在其他方面进行补足。产品型模式分为三种：一是诱饵型产品。自明星先设计一款免费的产品，用来培养大量的潜在目标粉丝。如很多自明星刚开始都是用免费分享知识性文章来培养潜在粉丝。二是赠品的设计。将一款产品变成另一款产品的免费赠品，如很多粉丝在购买某个自明星的长期会员之后，粉丝就能获得如书籍或是纪念品之类的免费产品。三是产品分级的设计。粉丝可以获得普通版的产品，但更高一级的产品则需要付费。

四、时间型模式。是指在某一个规定的时间内对粉丝进行免费。如以月中的某一天，一周中的某一天，或一天中的某个时间段。采用这种模式将具体的时间固定下来，让粉丝形成时间上的条件反射。该模式不但对提高粉丝的忠诚度和自明星品牌的宣传上能产生巨大的作用，还能引导粉丝去消费积压的产品，进行产品之间的交叉补贴。

五、功能型模式。有些产品的功能可以在其他产品上体现，这样就可以将另一种产品的功能对粉丝进行免费。

六、空间型模式。自明星为了拉动某一特定空间的粉丝数量，对于指定的空间，粉丝可以获得相关的免费。空间型模式是指该产品或服务对于粉丝来说是收费的，但是在指定的空间或者地点可以享受到免费的待遇。

七、增值型模式。为了提高粉丝的黏性和重复性消费，自明星必须对粉丝进行免费的增值型服务。如购买某个领域自明星的书籍，可以获得相关方面的免费培训课程。

第五节　平台模式：粉丝即流量

平台型自媒体是有目的性的企业运营。要么做门户型，要么做垂直行业的自媒体平台。比如百度百家、今日头条等就属于门户型，虎嗅、钛媒体就属于垂直型。平台模式一般都是负责策划专题，然后根据专题的匹配度找相关精英自媒体进行撰稿。如果一个草根自明星做到一定的数据量之后，就可以慢慢转化为门户型。最初，自明星都是个人建立的，规模很小，一般是以微博、微信公众号、个人网站或视频为载体，一旦发展到一定规模之后，就能形成平台模式。

但是，这是个看“颜值”的世界，自明星打造一个自媒体平台也一样。如果你没有“颜值”，那么只有通过“言值”才能够补救。也就是说，长得不帅，但要有才，要会说话。“颜值”放在自明星的平台模式上意味着被更多人知道，也就是发现和曝光率，也就是流量，而“言值”就是让用户与你产生良性互动，能够产生超强的用户黏性，以及在背后的读者质量。也就是说，自明星的自媒体平台，光有流量还不够，还得有质量。

案例：秦致，打造有“言值”的汽车之家说客平台

秦致，汽车之家首席执行官，全面掌控汽车之家和二手车之家等两家网站。在此期间，秦致带领着他的团队完成了对集团旗下多家公司的整合。

2007 年，秦致加入汽车之家担任总裁。在他与另一个合作人李想的带领下，汽车之家成为用户量最大的垂直类网站。2012 年 8 月底，汽车之家与盛拓传媒正式拆分，现在的汽车之家正在加速进行社交化、平台化的转型。截至 2014 年 2 月，汽车之家月度覆盖人数达到 9,200 万。中国互联网用户在线浏览汽车相关信息时，其花费在汽车之家的时间数据达到了 49%。

之所以能有这么高的浏览量，有很大的原因归功于秦致对于“说客平台”的打造。秦致曾说过：“要将汽车之家打造成有‘言值’的说客平台。”那么，其平台具体是如何体现的呢？

首先，说客平台在汽车领域读者众多，而且质量特别高。2016 年 4 月 26 日，汽车之家说客峰会发布了“说客影响力榜单”，第一名傅雪峰一年的阅读量就累计达到了 3,500 多万，也就是说他一天一篇文章的阅读量达到了 10 万左右。截至 2016 年 5 月 6 日，傅雪峰的总访问量已达 70,633,193（图 7–19）。但实际上，傅雪峰并没有每天更新，但是他的文章阅读量超过 50 万是常态，过百万的更不少见。

汽车之家在 2010 年至 2016 年 4 月，累计入驻作者数量达到 1491 名，说客平台每月产出量是 3,160 篇文章，这相当于传统媒体领域 3 个月百人团队的月出量。如图 7–20、图 7–21 所示。

其次，说客平台拥有超强的互动性。说客之家的每篇文章都有很多读者的留言，互动性更强。评论 / 阅读量的比率是评判互动热度的一个指标。在自媒体平台上这一数字的平均值，一般是在 1% 左右。但是说客平台，却能

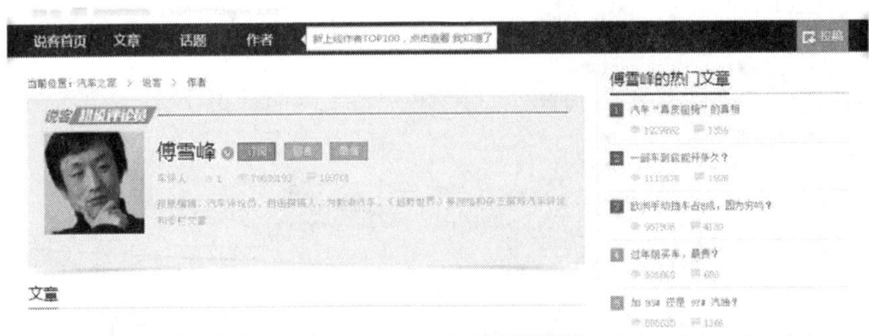

图 7–19　说客平台傅雪峰

图 7–20　汽车之家的部分作者

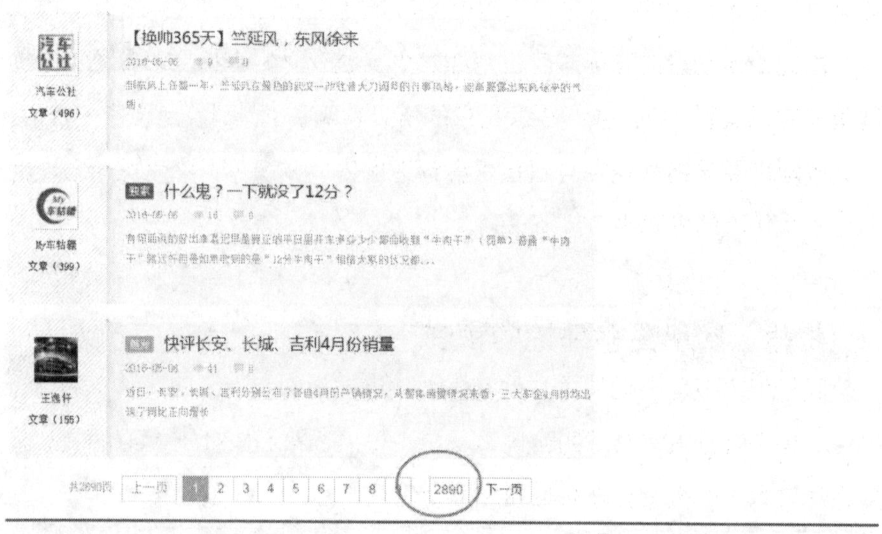

图 7–21　汽车之家的文章

轻松达到 5%，一些热点文章的互动性甚至远远超过这一数字。

如果一篇文章在发布之后，获得了不少的点击率，但却很少有人评论，长此以往，很容易伤害作者和读者的积极性，更甚者会让他们怀疑自己在这一平台上的价值。

基于以上两点，汽车之家自然而然会吸引更多高质作者、读者的到来，无论是从读者的质量、聚集度、互动性，还是平台帮助自明星提高吸粉的角度，汽车之家说客对于想进入这一行的人来说，都有非常深刻的借鉴意义。

“言值”，为好作者找到好读者

现如今，有很多自明星打造的自媒体平台都获得了大量融资。这种内容创业方面的成功说明了一个道理：比起之前的流量为王，现在广告商对自明星媒体的需求已经越来越多地转向了“有效流量”。也就是说，如果在渠道当中所发布的内容质量差，那么即使流量再多，也得不到太多的转化率。反过来，拥有超强属性的自明星平台，就能够用少数的流量顺畅地实现较高的转化率，因此，这种平台也越来越受到广告商或者资本的认可。

由此，自明星的竞争态势也悄然发生着改变，原来的自明星主要是通过流量来实现盈利，所以并不在意文章的质量和实际阅读性。而现在的自明星，则更多地需要笼络那些拥有超强内容创造能力的自媒体，然后逐渐蜕变为一个自媒体作者的发稿平台。

价值，吸引更多黏性的读者

吸粉能力成为自明星平台的竞争力关键。举例来说，汽车之家的“说客平台”是垂直于汽车领域的自媒体平台。曾经一篇点击量 100 万的文章，间接为作者本人的微信公众号涨粉 1 万。

自明星的自媒体平台可能会有不同的商业化方向，包括直接走电商或者继续依靠广告，又或者依靠会员订购。但是不管是哪个方向的商业化，读者（粉丝）的质量和内容的质量必须是处于一个相应的水平上，二者相得益彰，才是自明星平台化、商业化的基础。而为优秀的自媒体吸引优秀的读者（粉丝）就是平台能够提供的最佳价值——自明星平台的“言值”。

决定因素：读者是谁，互动性强不强

作为平台的运营方，最好能够保证读者都是处在同一个群体当中。但这并不是说要如汽车之家一样，需要全都是汽车发烧友。

一个人的社会属性可能有很多种，面对不同的人肯定会表现出不同的状态。一个男人的身份可以是父亲、丈夫、老板、客户，也可以是体育迷、军事迷、电影迷、汽车迷。在他扮演不同社会角色时，针对这一角色来进行相对性的投放就能够获得最佳的效果。平台只需要确保一件事：“不管读者在社会上是什么角色，但是在这个平台上是同一个属性就足够了。”

除此之外，平台需要培养强大的互动性。有些读者可能平时习惯于接收信息，只要是新闻客户端发来的信息，都会不假思索地接受，并没有什么目的，只是为了打发时间。但是，总有一些争议性的话题会让他产生评论的冲动。在这样的情况下，如果他的评论能够获得迅速回应，那么在评论区就可能形成盖楼的模式，形成激烈的讨论氛围。

平台模式成功的六大条件

自明星如果想要成功地打造一个平台，实现更多的盈利，应具备以下六个必要的条件。

一、开放性。平台模式具有开放性特征，也就是对合作伙伴开放，合作伙伴越多，平台就越有价值。

二、双方市场和网络外部特征。双方市场的平台模式，平台企业为买卖双方提供服务，促成交易，而且买卖双方任何一方数量越多，另一方的数量也会随之增加，其网络外部特征也越能充分显现。卖家和买家越多，平台就越有价值。

三、聚合力。平台需具备聚合力，也就是说市场中存在大量潜在买家和卖家需要通过某种方式进行对接。

四、核心竞争力。平台企业具有至少一项对于行业来讲是稀缺的且具有竞争力的核心能力或者核心应用。如资金、品牌、关键技术、核心应用。

五、区别性。平台企业与其合作伙伴没有直接的竞争关系，二者具有不同的盈利模式和市场目标。

六、利益性。平台企业通过打造开放平台、扶持合作伙伴等策略，为合作伙伴或者第三方开发者带来利益。

第六节　销售模式：开发自己的产品或服务

粉丝经济时代，无论是娱乐明星还是互联网的自明星，都要积累自己的粉丝用户，也就是具有高度黏性的、长期的客户。自明星可以依托自己所擅长的某一项技能或者某个行业的专业知识来吸引并积累粉丝。这些粉丝都是对自明星所擅长领域感兴趣的人，因此，自明星开发出产品或服务对外销售时，这些粉丝会很乐意买单。

案例：多元化，《罗辑思维》的销售盈利模式

罗振宇《罗辑思维》的盈利模式，在自明星、自媒体界可以算是典范。在积累了一定的粉丝量后，罗振宇就开始逐步打造自己的销售模式，帮助《罗辑思维》获取可以维持长久运营的利润来源。

一、推行付费会员制。2013 年 8 月 9 日，《罗辑思维》推出了被很多人吐槽的“史上最无理”的付费会员制，面向粉丝销售自己的会员产品。普通会员价格为 200 元，名额 5,000 个；铁杆会员价格为 1,200 元，名额 500 个。当时，很多人都认为罗振宇推出的这种“会员产品”必定以失败告终，结果让人出乎意料，5,500 个会员名额只用了半天就售罄，罗振宇因此获得了 160 万元的入账。

二、销售实物产品。在《罗辑思维》的销售模式中，图书是其最重要的一项收益。而且，罗振宇卖的书不仅定价高，而且不打折；不仅不打折，而且只在公众账号里卖。

罗振宇卖的另一个产品就是月饼了。罗振宇的月饼还在互联网界引起了不小的轰动。罗振宇的月饼在实验 13 天之后，参与人数达到了 1,698,790 人，月饼商品页面分享次数 1,036,059 次，完成订单笔数 20,271，总销售量 40,038 盒。

图 7–22 《罗辑思维》在公众号中打造商城

图 7–23 《罗辑思维》卖服务，做讲座

现在罗辑思维更是在公众号中打造了商城，除了图书，还卖起了茶叶、旅行用品、自明星的讲座。如图 7–22 所示。

三、卖服务，做讲座。罗振宇《罗辑思维》的另一个销售服务，就是卖服务，做讲座。现在互联网营销讲座的市场十分红火，各个企业都在往互联网方向发展，但是对互联网又缺乏一定的了解，因此这方面的需求特别大。《罗辑思维》火了之后，市场上对其讲座需求非常庞大。因此，讲座的出场费也是罗振宇的盈利模式之一。如图 7–23 所示。

确保产品是真品好货

自明星卖产品或服务和企业卖产品或服务并没有什么区别，想要让自己的产品获得粉丝的支持，想要迅速打开市场，想要持续获利，就要确保自己的产品是真品好货。不管你卖的是实物还虚拟的服务，都要确保质量，确保能给粉丝带来一定的价值。确保产品是真品好货，是一个自明星能否盈利的前提，如果连品质都无法保证，粉丝又不是傻子，再忠实也不会为你提供的劣质产品买单。

《罗辑思维》的会员被人吐槽为“史上最无理会员”，但为什么还是那么受欢迎？不打折且只能在公众号里卖的书，为什么销量还是那么好？都是月饼为什么罗振宇卖得那么贵还有人买？为什么罗振宇的讲座市场供不应求？所有的问题都只有一个答案，就是《罗辑思维》的产品是能确保质量的，是能给粉丝带来价值的。

不要把自己定位为卖货人

自明星卖产品、卖服务与其他卖产品的人最大的区别就是“不要把自己定位为卖货人”。自明星在打造自己的销售模式时，如果把自己定位于“卖货人”，那么销售模式的定位自然也会出现偏差。你可以宣扬一种精神，你的产品代表一种情感诉求，你要不断告诉粉丝你是某一个概念的象征，这样，才容易让粉丝对产品产生共鸣，进而认同产品，最后购买产品。

图 7-24 《罗辑思维》真爱特供

就像是罗振宇在卖月饼时，他给月饼打上了“真爱特供”的概念，定下了“让我们来进行互联网思维”的口号。就这么简单的一句话，马上让自己的月饼与其他月饼产生了区别，《罗辑思维》的月饼并不是销售一种产品，而是一个可让粉丝玩起来的互联网实验产品。同时，还让粉丝认为："罗振宇并不是把我们当作消费者，想赚我们的钱，而是当作实验人。罗振宇也没有从一个文化人变成一个商人。"如图 7-24 所示。

有价值的产品，粉丝才会买单。每个自明星都有每个自明星自己的一套销售模式，但是无论是谁的销售模式，都有一个核心点：销售的产品或者服务能给粉丝带来价值。这个价值不止体现在物质上、实体的功能上，还要体现在精神上。只有有价值的产品和服务粉丝才会买单。

第八章

自明星的生意经

已经坐拥粉丝的自明星，可以通过打造自己独特的商业模式，拥有创造商业价值的能力。通过打造自己的商业模块，盘活上下游的商业链条，成就属于自己的生意经。

第一节　书籍出版

自媒体的走红带红了自媒体人，让很多人成为自明星。专业自媒体号更容易被读者所接受。说起 ayawawa，自然就会想起情感和家庭；说起萝贝贝，自然就会想起八卦；说起鬼脚七，自然就会想起搜索和个人魅力……连带着他们的书籍也卖得特别好，几乎每个自明星都会出书，俨然出版图书已经成为他们盈利的一大方式。

案例：鬼脚七，一季结束就出一本书

鬼脚七做自媒体成为自明星已经有一段时间了，很多人都在想他的自明星盈利模式是什么？出版图书就是其盈利模式之一。鬼脚七曾对外宣布过一组数据：15 万粉丝，每篇文章 3,000 字左右，回复数千条，结册出版的第一本书半个月卖出 10,000 本，还要限购。此后，鬼脚七就把图书出版作为自己最重要的盈利模式之一。截至 2016 年 5 月，鬼脚七已经出版了《做自己：鬼脚七自媒体》《爱生活：鬼脚七自媒体》《疲惫生活中的英雄梦想》《没事别随便思考人生》等书籍。如图 8-1 所示。

那么，鬼脚七是如何做到出版这么多本图书，且本本销量惊人呢？

一、原始粉丝积累。粉丝是鬼脚七图书销量的最大支持者。因此，鬼脚七对于粉丝的积累和培养是非常重视的。鬼脚七的第一批粉丝与他的工作有关，就是关于淘宝、电商方面的。鬼脚七开通微信公众账号的第一批粉丝就是希望看到搜索和电商方面干货的粉丝。

二、转型寻求更大的变化。为了有更好的发展，鬼脚七在 2013 年 4 月开始启动了他的转型计划：一是不再以积累粉丝数量为目的运营公众号，开始注意订阅粉丝的质量，强调互动。这一点在他的微信文章评论区就有体现；

社区 | 电子书 | 音像 | 在线读书 | 特色书店 | 文化用品 | 图书榜 | 新书榜 |

鬼脚七 作品 - 排序： 相关度 销量 价格 折扣 上架时间 出版时间

做自己：鬼脚七自媒体第一季（第2版）
作　　者：鬼脚七 著
出 版 社：电子工业出版社
出版时间：2015-05-01　　顾客评价：(已有55人评价)
定　　价：¥77.00　　京东价：¥60.70（7.9折）
加入购物车　加关注

没事别随便思考人生
作　　者：鬼脚七 著
出 版 社：百花洲文艺出版社
出版时间：2015-11-01　　顾客评价：(已有556人评价)
定　　价：¥36.00　　京东价：¥22.50（6.3折）
加入购物车　加关注

爱生活：鬼脚七自媒体第二季
作　　者：鬼脚七 著
出 版 社：电子工业出版社
出版时间：2013-11-01　　顾客评价：(已有151人评价)
定　　价：¥67.00　　京东价：¥50.30（7.6折）
加入购物车　加关注

图 8–1　鬼脚七出版的图书

二是开始有意识地写系列化文章，把内容当作产品来规划。当系列文章结束之后，就可以集结出版图书。鬼脚七的《爱生活》和《爱自己》两部图书都是这么来的。如图 8–2 所示。

三、把心灵鸡汤煲成“土鸡煲”。鬼脚七在公众账号上分享的都是工作方法、人生感悟、哲学思考。虽然有很多心灵鸡汤，但是他把心灵鸡汤做出了自己的特色，因此很受欢迎。心灵鸡汤类的图书一向很有市场，因此鬼脚七的心灵鸡汤正好为图书出版做准备。《没事别随便思考人生》一书中，很多内容都是来自公众号的心灵鸡汤。如图 8–3 所示。

四、逆潮流的“长阅读”。随着移动端和社会化平台的普及，越来越多的人在追求快速阅读和碎片化阅读。媒体开始忌讳长文，喜欢碎片化的短文。而鬼脚七却逆流而行，每篇文章都达到了 3,000 字。

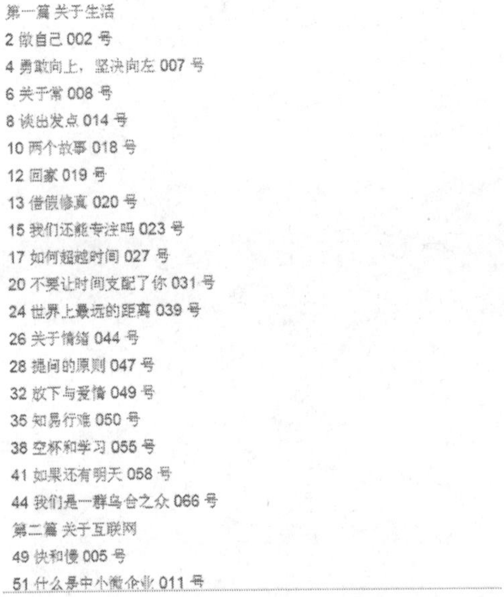

第一篇 关于生活
2 做自己 002 号
4 勇敢向上，坚决向左 007 号
6 关于常 008 号
8 谈出发点 014 号
10 两个故事 018 号
12 回家 019 号
13 借假修真 020 号
15 我们还能专注吗 023 号
17 如何超越时间 027 号
20 不要让时间支配了你 031 号
24 世界上最远的距离 039 号
26 关于情绪 044 号
28 提问的原则 047 号
32 放下与爱情 049 号
35 知易行难 050 号
38 空杯和学习 055 号
41 如果还有明天 058 号
44 我们是一群乌合之众 066 号
第二篇 关于互联网
49 快和慢 005 号
51 什么是中小微企业 011 号

图 8-2 《做自己》一书的内容都是在公众号上的系列文章

下午4:41

鬼脚七

对话鬼脚七：生活中90%的压力来源于攀比，而不是生存

原创 2016-03-22 鬼脚七 鬼脚七

2015年12月30日，七哥在山西五台山灵境寺剃度出家。加措活佛赐法号：行空。

2016年1月6日，行空师父从五台山出发，托钵乞食行走去峨眉山，全程约2000公里。

2016年3月18日，行空师父在行走七十三天以后，到达成都。人变瘦了，变黑了，不过看师父偶尔在朋友圈晒的照片，比之前笑的更开心了，发自内心的笑，仿佛能感染众生。

师父在成都休整一天会继续启程前往峨眉山，小茶婆婆特意安排了一场直播，对话行空师父，听他自己讲述行走七十三天，超过一千九百公里的经历。

对话鬼脚七：生活中90%的压力来源

图 8-3 鬼脚七的心灵鸡汤文

现在鬼脚七公众号的系列文章主题是《行走》，相信在《行走》结束之后，鬼脚七又会将“行走”集结成图书进行出版。

公众号的衍生产品

很多公众号自明星也会出书，比如，“十点图书”出版了《疲惫生活中的英雄梦醒》，“睡前故事”出版了《别怕，有我在》。这些书籍基本上都可以说是公众号的衍生产品。如“读首诗再睡觉”，它是活跃在微信上的一个诗歌传播团体，其运营模式就是每晚 10 点向所有订阅者推荐一首诗。在微信公众号成立一年之后，就推出了第一本图书《读首诗再睡觉》。书中收录了古今中外各阶段诗歌名作 101 首，作者囊括了狄金森、叶芝、聂鲁达、辛波斯卡、博尔赫斯、孩子等一大批优秀的诗人。而鬼脚七的图书内容，全都是来自于公众号。

网络热度越高，图书销量越好

不管是微信、微博、网络视频还是纸质图书，其实都是内容的一个载体，图书只是自明星产品链上的一环。作为网络媒介的衍生品，其内容又可以在网上免费获取，很多人担心会不会影响到实体书的销售。其实，事实正好相反，越是网络上传播热度高的内容，其纸质书的销售情况越好。

就像鬼脚七，为什么他的图书销量那么好？就是因为他的网络热度非常高。粉丝是先认可了他在网络上的热度，才去购买他出版的图书。如图 8–4 所示。

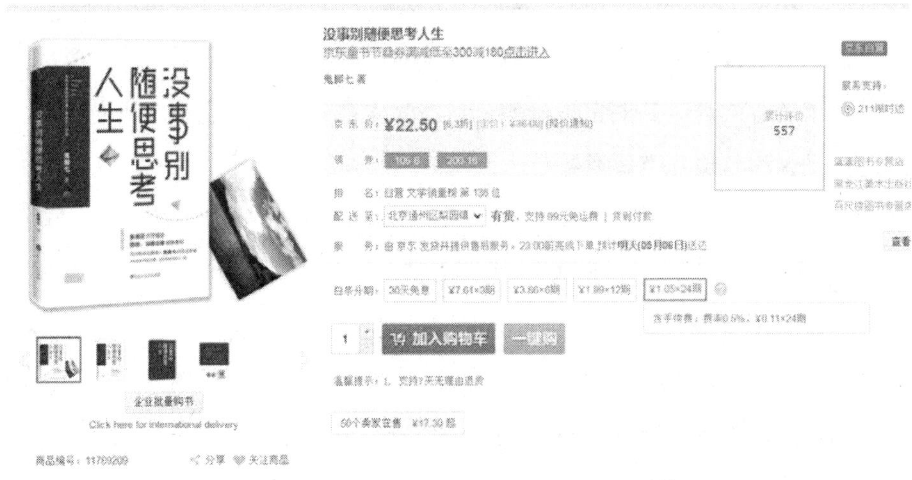

图 8–4 《没事别随便思考人生》在京东上的累计评价

利用粉丝经济出书

读者购买自明星的图书其实更像是一种粉丝支持偶像的心态。自明星在传播和影响力上远超于一些新作者。因为自明星本身有粉丝的支持，这些粉丝就是自明星图书最好的购买者。

第二节　明星周边纪念品

明星代言的产品无疑受到粉丝的追捧，尤其是一个当红的偶像明星，他们的粉丝数量非常多，而且多是年轻女性，这类粉丝的消费欲望会更大，通常都会有各种偶像后援会，然后他们的粉丝都会为偶像买单，不管是替偶像过生日，还是发布会等，粉丝们都会积极地参与。因此，围绕自己偶像的周边产品一般销量都会更高，几百万、几千万的粉丝数量，足够形成一个庞大的消费市场。同理，自明星也是明星，拥有大量的粉丝之后，对于自明星的周边产品，粉丝也非常愿意买单。

案例："呛口小辣椒"，服装同款卖爆了

"呛口小辣椒"，一对双胞胎姐妹共用的网名，实名尉丹、尉青。知名时尚博主、时尚达人。

从2004年起，开始以"呛口小辣椒"为名在论坛上发表以穿衣搭配为内容的帖子，以出众的着装风格、独到的时尚见解风靡网络，受到许多粉丝的喜欢。

2010年，应邀拍摄《VOGUE》杂志7月刊8页专题《呛口小辣椒 网络时代的IT Girls》，被称为中国当代的IT Girls的领军人物；2011年9月，拍摄《ELLE》杂志内页；2011年9月拍摄《伊周》杂志内页；2012年2月，拍摄《时装L' OFFICIEL》杂志内页；2012年8月拍摄《时尚COSMOPOLITAN》时尚杂志内页；2014年8月拍摄《Shanghai Times》杂志内页。2011年代言美宝莲BB霜并拍摄广告，2011年、2012年、2014年应DIOR品牌邀请参加巴黎时装周并担任看秀嘉宾。除此之外还有很多与时尚有关的合作。可以说"呛口小辣椒"是当之无愧的时尚界自明星。

因为，"呛口小辣椒"是以时尚出名，所以很受一些喜欢服装、时尚方

面的粉丝欢迎，而她们的同款服装在网络上更是火爆（图 8–5）。“呛口小辣椒”还建立了自己的淘宝店（图 8–6），专门卖自己的品牌服装。在淘宝店的服装中，销量最好的就是她们的同款。

为什么粉丝喜欢买“呛口小辣椒”的同款呢？首先是因为她们对时尚的见解得到粉丝的认可，觉得她们都这样做了，那么一定就是挺潮流的；其次是因为“呛口小辣椒”的服装搭配确实非常好看，很多服装穿在她们身上确

图 8–5　网络上出现的“呛口小辣椒”同款

图 8–6　“呛口小辣椒”的淘宝店“LADY ANGEL”

实很好看，一些爱美的粉丝看了之后也想要穿出同样的效果，所以就会产生购买同款的欲望；最后是因为“呛口小辣椒”已经积累了一定量的粉丝，其中不乏高度忠诚粉，买她们的同款是一种“追星”的心理所致，觉得“偶像都穿这件衣服，那我也要穿”。

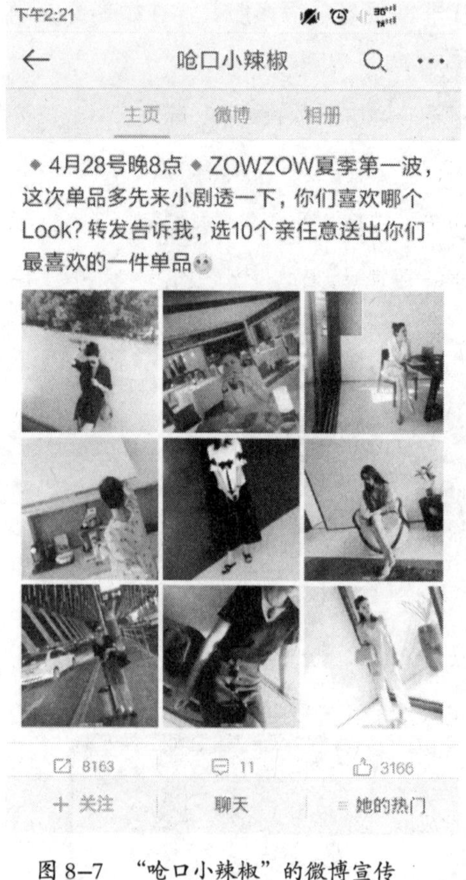

图 8–7 “呛口小辣椒”的微博宣传

强强联手 +“狠抓”供应链

随着自明星经济的日渐兴旺，开始出现了很多自明星孵化公司。这些孵化公司原先都是比较成功的淘宝商家，但是他们在跟自明星的合作中，自明星负责和粉丝沟通、推荐货品（图 8–7），而他们则负责生产自明星的周边产品，同时将精力集中在店铺日常运营和供应链的建设和设计上。

这种强强联手的模式威力很大。比如与“呛口小辣椒”“管阿姨”等知名自明星有合作的莉家，除了打造出一个个卖自明星周边产品的皇冠淘宝店铺之外，还吸引了很多风投的关注。

把粉丝的爱变成真金白银

“现在是自明星最好的时代”，过去像芙蓉姐姐这类网红自明星虽然名气响亮，但是除了一些活动和表演，缺少变现的渠道。现在，微博广告、品牌代言、直播、电商、周边产品等许多渠道都可以为自明星制造收入。

作为中国互联网爆发时代的产品，互联网降低了自明星走红的门槛，让很多“草根”有了一夜成名的可能。自明星不再满足于粉丝的点赞和夸奖，通过合作方的支持，从虚拟礼品到实体的周边产品等多种形式，把粉丝的爱变为真金白银。就如许多电商品牌希望打造一个爆款的自明星，除了利用自明星的人气打开品牌的知名度，也希望通过卖自明星的同款来增加销量。

有关自明星的一切都可以当作产品卖

自明星经济是庞大的，单是自明星周边产品这一项就不容小觑。产品的种类很宽泛，只要是与自明星相关的产品都可以卖。包括自明星出的书、讲座，自明星的同款帽子、衣服、裤子、鞋子、背包等，甚至连什么荧光棒、横幅、海报都可以卖。就像《我的滑板鞋》的原唱庞麦郎开演唱会时，就有很多粉丝购买了这些东西。可以说，在一定程度上，自明星和娱乐圈的明星已经没有区别了。

第三节　网络课堂多开设

自明星做得好，一般就会有学习者，所以培训是很多自明星的盈利模式之一，而且培训的利润不小。如果你是某个行业的专家，有绝活，同时用户也有需求，就可以做一些培训。不过，现在是互联网时代，很多人都喜欢上网学习一些东西，因此把自己的培训课做成网络课堂是最好不过的。

案例：周思成，英语网络课大受欢迎

周思成，湖南长沙新东方英语学校老师，主管长沙新东方的考试部，兼负责招聘新进教师。曾在大一年级起就教授四六级全科课程，幽默风趣与严格要求并重的讲课风格造就了高满意率和高通过率的课堂，深受学生的欢迎。

刚开始周思成只是在线下教课，当他成为自明星之后，越来越多的人认

识到他，所以，单单是线下教课已经无法满足粉丝的需求。为了能教更多粉丝学英语，周思成开设了网络课程。如图 8–8 所示。

图 8–8　周思成英语网络课程

周思成推出网络课程之后，他的英语更受欢迎，认识他的粉丝也更多了。我们现在就来看看为什么周思成的网络课这么受欢迎吧！

一、有专属风格。在一般人的概念中，学习英语是很无聊的，英语老师讲课更是让人犯困。而周思成不同。他的英语教学风格机智幽默，有故事、有讲座更有舞蹈，而且还会和学生频频互动，打破了上课时的沉闷气氛，学生学起来也更轻松。

二、有风格更有内容。虽然周思成走的是个性教学路线，但同样的，他的教学是非常有内容的。从网上给他的评论就可得知：机智幽默与严格要求并重，严谨知识与精妙感悟共存，阳光个性与深厚广博的底蕴造就了高满意率和高通率课堂。除了网友的评价，他还多次获得全国英语大奖，这一点也是对他的英语最专业的认可。如图 8–9 所示。

现在，周思成在新东方英语酷学网拥有学员超过 68,926 名，口碑更是不错，得到很多学员的好评。如图 8–10、图 8–11 所示。

本期主讲：听力　长难句　语法

第一届全国四六级教师网络课程大赛获奖名单						
选手排名	选手姓名	新东方学校	专家评审	线上人气	比赛最终得分	比赛名次
			最终专家评审分数	最终线上表现分数		
1	周思成	长沙新东方	45.00	50.00	95.00	特等奖
2	孔玮	长沙新东方	42.38	34.01	76.39	一等奖
3	朱伟	上海新东方	41.88	22.17	64.05	二等奖
4	小帅帅	广州新东方	41.00	22.95	63.95	二等奖
5	顾佳音	苏州新东方	39.75	18.72	58.47	三等奖
6	罗蓓	北京新东方	42.25	15.68	57.93	三等奖
7	杨悦	北京新东方	42.13	15.60	57.72	三等奖
8	信心	南京新东方	41.00	16.57	57.57	三等奖

图 8–9　周思成获得第一届全国四六级教师网络课程大赛第一名

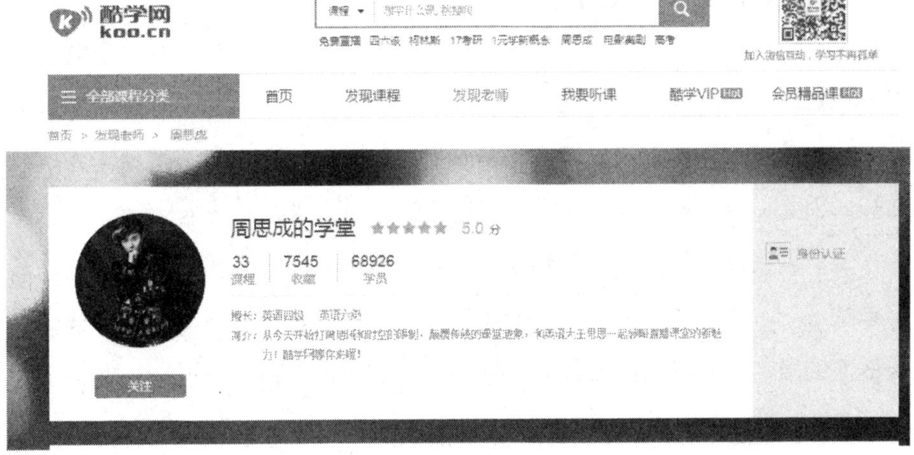

图 8–10　周思成的学员数量（截至本书成稿时）

图 8–11　学员给周思成的好评

网络课堂普及范围广

为什么要开设网络课堂呢？因为网络课堂普及的范围很广，这样就有以下两点好处：

一、覆盖广，可以提高知名度。互联网的便利可以让自明星被更多人所熟知，因此，自明星开设的网络课堂也一样，可以被更多的人所熟知。

二、网络课堂可以无限制购买，提高收入。网络课堂不像线下培训，有固定的场所、固定的人数，人数和场所固定，收入自然也有限，网络课堂没有任何的限制，买课程的人越多，自明星的收入也就越多。

不断更新网络课堂的内容

这个社会时时都在变化，知识也一样。所以一定要不断更新网络课堂内容，推出新课。这样才能持续吸引粉丝，持续保持自己的盈利。

互联网时代，信息更新的速度很快。如果你赶不上这个速度，那么你的粉丝就会被对手抢走。持续地更新内容是保持竞争力最好的方式。

第四节　让粉丝变成会员

会员制是经营模式的一种，很多商家都推出了专属于自己的会员模式。近几年会员制覆盖的行业快速蔓延，几乎涵盖了各种行业。自明星行业也是如此，依靠着会员制，他们在获得大批忠实的粉丝同时，更得到不小的收益。

案例：宗宁，万能大熊的会员制

宗宁，曾经任职于北大汇丰商学院 EDP 同学会秘书处，担任品牌总监，负责会员超过一万人的商会组织的品牌推广和宣传。同时也是新浪名博、网易科技、虎嗅等网站知名度栏目作者。

在 2013 年年初，宗宁就以“万能的大熊”这个昵称开始进行朋友圈营销培训，同时，他还担任新微商联盟品牌公关顾问。从 2013 年起开始每天保持一篇原创文章的更新频率。2014 年，宗宁的微信公众号获得年度人气排行榜的第三名，可见他有多受粉丝的欢迎。如图 8–12 所示。

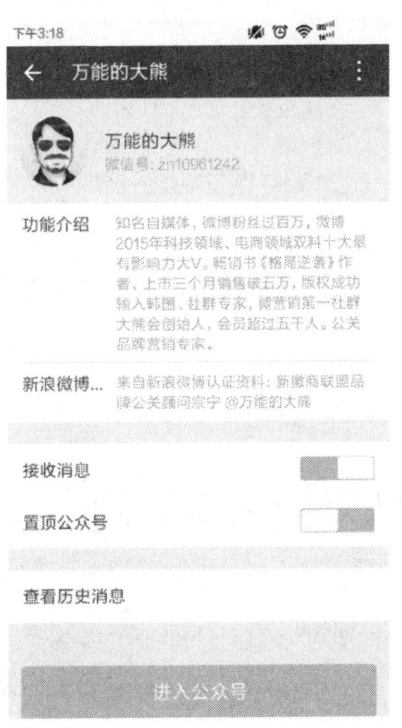

图 8–12　“万能的大熊”微信公众号

成名之后，宗宁也开始推出了会员制。会员制的推出为他获得了不少收入。2014 年，他成立并组织了现在声名大噪的大熊会，从事微信朋友圈营销拓展，会员超过 5,000 名。大熊会会费每年 1,000 元，每年 12 月底解散当年会员群，然后再重新组织交了下年会费的会员。加入大熊会的会员每月可获得 2 次本人培训和分析，帮助会员解析最新营销产品的玩法和趋势，同时协调会员资源，促进会员之间的合作，并提供各种外部资源支持，如图 8-13 所示。

图 8-13　大熊会会员制度

会员制的目的

会员制的目的除了帮助自明星获取利益之外，还有其他目的：

一、通过会员了解粉丝的喜好、浏览行为；

二、根据会员信息将会员进行分类，进行更加针对性的营销；

三、会员可以帮助自明星做推广；

四、会员可以将促销变成优惠和关怀，提升会员的消费体验；

五、可以提升粉丝的忠诚度。

会员制的好处

一、可以培养粉丝的阅读习惯。比如自明星一天推送一次，或者每周固定推送几次，长期下去就可以养成粉丝阅读的好习惯。

二、增加自明星的收入。自明星开启付费阅读之后能增加不少的收入，这样就可以利用这部分收入去寻找更多的资源。

三、增加动力。很多自明星很难长期地做下去是因为缺乏动力。而付费阅读后，可以增加持续下去的动力。

付费订阅会员制

会员制的另一种表现形式还有订阅制，付费订阅。自明星在平台上更新内容后，系统就会自动发送信息给付费订阅的粉丝。

从 2014 年开始，付费阅读就变得非常流行，一般情况下，当自明星拥有一定的人气，同时也能持续为粉丝提供拥有一定价值的内容后，就可以进行付费阅读。很多人都是利用微信公众平台把付费的粉丝单独划分到一组，然后微信公众平台推送的时候，就可以把文章推送给 VIP 用户。

第五节　组建自明星联盟

人是群居动物，每个人其实都有一个社群，不管 QQ 群也好，还是微信群也好，几乎每个人都有。我们喜欢在群里讨论各种各样的问题，有时还能从群里获得一些资源。自明星也一样，也需要一个社群。自明星组建社群的方式就是通过自明星联盟。

案例：王通，召集大咖组建绝活传媒自明星联盟

王通，他本身就是一位自明星，但为了让自身得到更好的发展，他决定成立一个自明星联盟——绝活传媒。绝活传媒是一家专业的网络品牌传播服务机构，在自明星的新概念不断扩大影响的同时，它的出现预示着国内首家专注自明星培养，并以此为主要渠道进行网络传播的公司成立。如图 8–14 所示。

一、绝活传媒的业务。（1）品牌传播：帮助各类企业利用自明星进行品牌推广和渠道招募；（2）专业培训：开展最专业的自明星培训，计划 3 年打造 1 万名自明星；（3）天使投资：对优秀的自明星给予天使投资，帮助自明星建立垂直领域自明星联盟。如图 8–15 所示。

图 8–14　绝活传媒官网首页

图 8–15　绝活传媒核心业务

二、自明星联盟资源。（1）互联网圈自明星：100 个知名写手影响整个互联网圈，帮助自明星快速制造影响力；（2）汽车自明星联盟：中国最大的汽车自明星联盟，一条信息可以影响百万受众；（3）微商代理联盟：12 微商代理粉丝资源，让你的产品迅速在微商圈中火爆；（4）女性用户粉丝：微信和 QQ 空间加起来的粉丝超过 2,000 万；（5）圈子合作联盟：秦王会、优士圈、青山会、长江会、放牛班、AAP 圈子。

三、服务优势。（1）网络品牌传播。绝活传媒的网络品牌传播服务从品牌定位分析，到品牌思想策划、品牌传播推广、品牌形象维护，拥有一套系统的专业内容。（2）绝活传媒将顶级的营销大师聚集在一起，目标是在未来时间培养 1 万名垂直领域的自明星。具备多个行业自明星联盟资源，总粉丝量超过 3,000 万，直接覆盖 1 亿以上的精准目标群体。

四、创始人团队个个都是自明星大咖。（1）王通。中国网络营销策划人，擅长营销战略以及商业模式策划。具备腾讯、小米、金山、世界工厂网等知名企业的服务经营，网络营销实战经验丰富。（2）秦刚。自明星概念提出者，专注于垂直互联网领域。曾任太平洋电脑网总编、太平洋汽车王市场总监、IT 世界王 CEO、39 健康网联席总裁，现专注于垂直自明星领域的研究。（3）胡伟。天使投资人，多家网络公司创始人和投资人。曾任联想集团台式电脑产品经理。（4）刘克亚。“国际自由人”概念提出者，克亚营销创始人，其营销理念对整个行业都有巨大的影响。美国西北大学凯洛格商学院 MBA 毕业，曾任施贵宝公司北美市场总监、北大在线副总裁，现为爱克汀管理文化传播有限公司总裁。（5）王紫杰。中国最早一批电子商务硕士，联合国 ITC 贸易中心特聘讲师，中国最早“互联网自动化行销思维”专家。如图 8-16 所示。

图 8-16　绝活传媒 5 位创始人

这5位创始人都是互联网界举足重轻的人物，他们先进的互联网思维，顶级的品牌营销实战经验，影响了很多行业精英。而这次借助自媒体明星这个全新概念的出炉，5位创始人联手组建绝活传媒这个自明星领域，势必能推动自明星行业的进一步发展。

如何建立自明星联盟

自明星如何组建一个联盟呢？可按照以下四个要点来做：

一、明确目的。组建自明星联盟要有明确的目的，想要做什么联盟表达什么内容，然后发起号召建立联盟，只要牵住一个重要的点就能开始实行。

二、核心的价值观要清晰。组建自明星联盟时，核心的价值观一点要体现出来，这样才能吸引志同道合的自明星大咖加入。

三、得到大众认可的理念。组建联盟的理念要得到大众的认可。首先你组建的联盟要有自己的价值观，接着要有自己的理念和态度，然后传播分享给大家，得到大家的认可之后，才能吸引人才到你的联盟中来。

四、产品要有创新性，解决问题并达到极致。首先你的联盟概念要创新，能帮助一些人解决他们的问题以及需求，并将之发挥到极致。这样，你的自明星联盟才是一个有价值的好产品，才能吸引更多的自明星加入。

自明星联盟具备的四感

一、神秘感。从零开始的自明星联盟要具备核心价值观，不轻易拉人，只选择有才、符合自己定位的自明星加入，精准目标成员。

二、仪式感。进入联盟要有一个仪式，精神上的或者现实中的，这是精神价值的体现。

三、集体荣誉感。联盟要积极发动线上活动，鼓励成员参与活动和交流。

四、参与感。要不间断举办线下活动，除了促进自明星之间的感情，还要让大家带着问题和目的进行深度交流，不要在乎人数，关键是线下活动举办效果的深度。

运营联盟的三个关键点

一、做有态度的内容，聚集人气和共鸣。

二、做圈层化互动，让联盟产生大规模的互动，帮助同行从业者的价值得到良性的反馈。

三、从共享中互利，每个自明星在联盟中都是一个获利者，同时也是一个贡献者。通过共享和互利，让联盟变得更加强大和长久。

第九章

大咖教你自明星

“榜样的力量是无穷的”，在自明星平台中同样如此，参照已经成功的自明星榜样，探索可复制的商业模式，能让我们在实际操作中少走弯路，甚至事半功倍。

第一节 《罗辑思维》的“最强大脑”

从2013年《罗辑思维》上线开始，在迎接自媒体发展的第一波浪潮中，《罗辑思维》一直作为最火的自媒体站在舆论的风口浪尖上，而罗振宇本人作为《罗辑思维》的创始人之一，也将自己成功从传统媒体人打造成为互联网下的非典型自明星。如图9-1所示。

图9-1 《罗辑思维》微信公众号发布的音频内容

之所以说罗振宇是非典型自明星，是因为他作为传统媒体人的优势而言，他所具有的舆论声量刚开始还是传统媒体所积累的。《罗辑思维》作为以自明星罗振宇为核心吸纳粉丝关注，形成大量由粉丝组成的媒体声量，最终实现商业价值的变现，从本质来说仍然是自明星的操作模式。尽管一度被估值1亿美元，《罗辑思维》却曾面临解体和重组的危机，那么《罗辑思维》有哪些值得我们规避的问题，下面就一一为大家阐释。

不可为之一：没想清楚就做APP

很多自媒体人在积累储量粉丝后，在商业变现的形式上，选择了APP。APP需要大量人员投入时间和精力进行维护运作，一个轻量的自明星团队会因此积重难返，形成沉重的发展壁垒，很多自明星就是在向APP战略转型时，由于成本自身无法消化，最后导致项目破产。

那到底要不要做APP？这其实是用户决定的。如果他们想要得到的东西在微信上全部能完成，就没有必要再去下载一个APP。有数据显示，微信现在已经占据了大家使用手机时间的80%左右，而绝大多数的APP即使下载后都很少打开。因此，自明星的决定要一切以用户为导向，一切以粉丝为中心，到底要不要APP其实是用户共同决策的结果，简单来说就是如果用户有需要就去做，用户不需要就很难通过人为教育进行平台操作的转移。

不可为之二：不理解合作平台的逻辑

自明星平台有很多，比如百度、腾讯、搜狐等都有信息发布的窗口，但对于自明星来说借用平台能帮我们发展壮大，同时平台合作所带来的风险也值得我们考量。比较成熟的自明星人已经获得了自己一定数量的粉丝。这时候，就已经获得与平台深度合作，甚至争取平台合作资源的筹码。像很多平台的网络自制剧，最开始也是从自媒体的个人化内容开始积累的。当然，智者当借力而行，依赖平台的流量和资源优势，自明星将可以获得一定增量的快速期。但是，永远不要只跟某一家平台去绑定。与平台的深度绑定，虽然会快速催熟自明星的成长过程，短期内积攒大量的人气和商业价值，但同样也要警惕被平台快速“榨干”。

平台的操作模式也都大同小异，在选择是否加入平台时，不妨先不要问平台能给你带来什么价值，要先问你能为这个平台带来什么价值。当自明星能够很努力地为平台创造价值的时候，平台就会给我们更多。如果想要从平台投机拿到超乎寻常的价值，结果可能反而会影响到与平台的关系，同时降低自己的可持续发展性。要充分理解这个平台的逻辑，变成一个对平台非常配合的自媒体，这样平台也越来越支持自媒体的发展。

不可为之三：患上“第二产品综合症”

当有了一定经验的自明星操作后，我们很快就想要进行自我“产品复制”。然后，在商业化复制的过程中，你会发现它的复杂程度远远超出你的想象，包括对人的理解、对产品的理解。想要变现的任何自明星，归根到底，都可以称之为商品。做一个商品就要充分考虑到天时、地利、人和。

与大规模的机械化生产不同，在自明星经济的模式下，互联网经济越是开放越是有益，垄断行业资源需要极强的资金基础做支撑。自明星的复制模式不仅行不通，还很可能会干扰到当前资源的整合，因此自明星应以轻团队、轻资产为运营模式，不要急于复制追求规划垄断效应。

第二节　“90 后”马佳佳颠覆蜀黍世界观

马佳佳，High 女性社区的创始人。2012 年 6 月毕业于中国传媒大学，毕业当天就在学校附近开设了一家创意情趣用品店，并利用微信公共平台进行宣传。首次用健康阳光的概念和形象诠释了原本隐秘晦涩的行业，同时凭借着独到的观点几度成为媒体关注的焦点。

2015 年 7 月 11 日、12 日，颠覆式创新研习社《“90 后”新生代的互联网世界观》在成都开讲，一直颇有争议的马佳佳在会上依然抛出了不一样的观点，并引起了轰动。现在我们就来看看马佳佳是如何成为众人瞩目的“90 后”创业代表的。

第一步：利用大尺度事件

情趣用品店对中国文化而言好像一直是个禁区。但却有人利用这个禁区从草根一夜成名，马佳佳就是其中之一。为什么马佳佳开情趣用品店会受到这么多人的关注呢？首先是越隐晦的东西越能引起人们的好奇，其次是因为现代的人压力大，人们必须要自我解压，需要轻松、笑声和幽默。马佳佳正是利用了这一点，引起人们的关注，再而引起媒体的炒作，让自己人气大增。如图 9–2 所示。

马佳佳powerful网店曝光 图揭90后美女创业情趣用品店

映象网 2016年02月13日 04:07
摘要：马佳佳是谁呢?她就是张孟宁,揭秘马佳佳个人资料照片及马佳佳微博地址。马佳佳是一名90后美女,同时是情趣用品店老板、90后先锋创业者之一。此外,马佳佳是20130406... 2条相同新闻 - 百度快照

美女两千元起家创业一年身价千万,比马佳佳厉害的情趣女王
新芽网 2016年01月28日 09:00
美女两千元起家创业一年身价千万,比马佳佳厉害的情趣女王,成人用品市场就像峡谷里的野草一样悄悄地滋长。成人用品属于私密性产品,而且年轻人都感兴趣,又是人人所需,...
4条相同新闻 - 百度快照

马佳佳:创业就是做情趣产品体验员的角色
搜狐 2015年09月18日 14:36
马佳佳在微信和微博上引起关注,这已经是很成功的推广,"马佳佳"已经成为个人品牌,而不单单是个名字。为什么总是马佳佳??有了马佳佳,成人用品更疯狂了就像王老吉基于 百度快照

泡否马佳佳:90后美女创业卖情趣用品 - 国内 - 创业邦
创业邦 2016年02月02日 00:59
泡否科技是一家中国最潮、最年轻的情趣用品公司,马佳佳说:"我们公司其实是在做文化通道,在全国人民不清楚什么叫情趣用品,很多人都不知道怎么去接受这种产品的时候,... 百度快照

泡否马佳佳:90后美女创业卖情趣用品 - 国内 - 创业邦
创业邦 2016年02月02日 00:59
泡否科技是一家中国最潮、最年轻的情趣用品公司,马佳佳说:"我们公司其实是在做文化通道,在全国人民不清楚什么叫情趣用品,很多人都不知道怎么去接受这种产品的时候,... 百度快照

图 9–2　百度上关于马佳佳的报道

第二步：利用“房市名企”

马佳佳在万科这个全国最大房地产企业的讲台上，始终围绕着社会焦点话题的房地产演讲了近两个小时。她用 PPT 来分析“90 后”的人群特征，

从而得出“互联网改变观念”，其中一句“‘90后’压根就不买房”在房地产业炸开了锅，许多人特别是房地产业内人士都不淡定了。这一结论也迅速引爆了又一轮房地产行业的新思考。正如马佳佳在PPT中提到的，“90后”可能通过继承获得房屋，有的甚至放弃买房打算，直接租房或住酒店。马佳佳的这番言论刷爆了地产人的微信朋友圈。利用中国人最感兴趣的“房地产话题”，再利用万科的“名企效应”，借“事”传播。如图9-3所示。

开发商不妨听听马佳佳的“不买房”声音
新京报 2014年02月21日 02:57
马年伊始,本来已经很火的马佳佳又火了一把。一位成功经营情趣用品的90后女孩,被邀请到万科这个全国最大房地产企业的讲台上,围绕始终是社会焦点话题的房地产发表了...
47条相同新闻 - 百度快照

马佳佳万科演讲称90后不买房 惊呆“地产大叔”【3】
陕西传媒网 2014年02月18日 14:00
我记得在之前的公开论坛上,龙湖的吴亚军和万科的郁亮都直接提出了这个问题,他们认为,房地产行业如此的发展模式在10-15年以后就走到了尽头,单纯依靠新增住宅开发的...
15条相同新闻 - 百度快照

万科为马佳佳提供的江湖 有90后房产就有颠覆
网易房产 2014年02月20日 14:53
万科作为行业龙头思考在前,邀请90后代表马佳佳演讲,她在演讲中的一系列大胆、犀利、天马行空的理念,让房地产“大叔们”一下子觉得自己老掉了牙,也急白了头发,被...
2条相同新闻 - 百度快照

“马佳佳”旋风 搅乱房地产行业的仅仅是互联网思维?
赢商网深圳站 2014年02月21日 11:00
马佳佳与郁亮,两个各自行业标签式人物的隔空“碰撞...小米科技董事长雷军提问万科总裁郁亮,“你们盖的房子...如何将互联网思维引入房地产运营模式,中国房地产未来... 百度快照

光华楼评:为什么不质疑马佳佳房地产思维
吉屋网 2014年02月17日 09:00
卖情趣用品的马佳佳,到万科做了一次演讲。朋友圈到处是马佳佳演讲的PPT,分析了90后的消费习惯,提出了90后不买房以及房地产的互联网改造等观点。 现在的房地产企业不... 百度快照

图9-3 马佳佳的“买房”观点引起的报道

第三步：利用体验传播

国内的情趣用品商店走的都是隐秘路线，但是马佳佳却反其道而行，向粉丝传达了独立新女性的“品牌格调”，要做情趣用品的意见领袖，反对传

统情趣生意的营销手法。情趣用品要变被动营销为“时尚体验”，把情趣用品卖出“格调”。马佳佳与传统店铺营销不同的是不让粉丝简单地去购买一个产品然后使用，而是卖体验、卖差异化、卖健康生活理念、卖互联网思维，让粉丝为产品付费，为好体验而买单。

第四步：利用“黑色幽默 + 荤段子”

现在的人承受着各种各样的压力，急需解放。如果朋友间、同事间有人说几个“黑色幽默”，讲一讲“黄故事”或“荤段子”，总能博得大家开怀大笑。马佳佳就是抓住了这个压力需求，自己站出来为泡否代言，给人一种有趣、似黄非黄的新女性形象。她旗下产品的文案中，经常会使用一些“黑色幽默 + 荤段子”的文案。马佳佳的“黄文案”在社交媒体广泛传播，引起极大的关注。

第五步：利用 FABE 销售法

马佳佳把 FABE 销售法加入泡否的消费过程中，起到了非常大的作用。什么是 FABE 销售法则呢？简单来说，就是通过四个关键环节解答粉丝诉求，极为巧妙地处理好粉丝关心的问题，从而顺利实现泡否产品的销售诉求。

F：（Fetures），指产品的特质和特性。马佳佳把泡否情趣产品的特质、特性等方面的功能深刻挖掘出来，以区别其他同类产品。

A：（Advantages），指产品的优势。马佳佳列出了泡否产品独特的地方。

B：（Benefits），指能给粉丝带来什么好处。马佳佳在许多文案策划中，利用“黄段子”和“黑色幽默”或形象词语来帮助粉丝虚拟体验产品，感受泡否产品的好处。

E：（Evidence），指佐证，即泡否通过有形的、现场可见的粉丝留影来证明自己的产品。马佳佳的一些文案，通过粉丝上传的图片，展示产品的功效与价值，增强粉丝的黏性。

通过以上几点的分析，足可以说明，马佳佳这个颇具争议的“90 后”能够成为当红的自明星绝不是偶然的，而是经过一步步策划和运营的。

第三节　留几手，微博骂人也能年赚百万

留几手，吉林人，微博红人，人称“手哥”。2013 年，在新浪微博以毒舌点评红遍网络，引起网友的广泛关注，甚至有明星主动请求他的“毒舌点评”。中国内地男演员陈赫、湖南卫视主持人杜海涛等人都被“留几手”点评过。2013 年，留几手更是作为男二号出现在漫画《暗恋那些事儿》的书中，并亲自写序推荐该漫画。有人大呼不可思议，没想到微博骂人也能红，还能年赚百万。那么，留几手是如何通过微博骂人而成为“毒舌自明星”的呢?

借力其他网络大 V，迅速走红

2011 年 8 月，留几手开通了新浪微博，以编段子的手法点评他人的长相，并评论打分，比如参赛的超女、影视圈的非主流演员、高校的女大学生等。尽管这些人外貌并不差，但他“鉴评”时往往带点恶作剧的意味，喜欢插科打诨，常常逗得人捧腹大笑。

一次，网络红人不加 V（木子美），主动在微博求留几手点评，留几手说出了比“以裸为美”的木子美本身更彪悍的评语。评语非常毒舌，一般人看了后肯定会非常生气，但是木子美不仅不恼反而还挺高兴，并对他的毒舌评语进行“鉴评”。此事在微博上引起轰动，留几手借助木子美的影响力，迅速打开了知名度。如图 9-4 所示。

500 万粉丝追捧，全民排队等“鉴评”

明星在微博上一呼百应是因为“偶像的力量”，他们通过电视剧、电影、综艺节目积累了大量的粉丝，而草根微博明星往往只能靠独特的内容来积累人气。留几手的相貌点评就是如此。

留几手的工作流程一般是这样的：粉丝在自己微博上发布照片，并@留几手请求点评。他会选择其中的某些照片给出评分。留几手秉承着娱乐大众的精神，以粉丝喜闻乐见的方式，用混合着才情和痞性的表达，精准地迎合了粉丝的心理，进而在微博上制造了一次次无厘头的狂欢。短短 3 个月的时间，留几手的微博粉丝就一下暴增至500多万，现已达到1,006万粉丝量（图 9–5）。他甚至还高调亮相了央视 3・15 消费者权益晚会，点评了苹果公司。

图 9–4　木子美和留几手的互动

图 9–5　留几手的粉丝数量

植入广告，毒舌“鉴客”年赚百万

留几手红起来之后，成为各大广告商和媒体争抢的对象。为什么广告商会对突然冒出来的“鉴客”感兴趣呢？其实，这和用户的定位相关。比如乐蜂网，它的定位就是年轻的网友，而留几手的网络粉丝正好和他们的用户群定位吻合，同时微博广告能够直达目标用户。所以，这就使商家会在短时间内就把目光投向在微博上迅速走红的自明星。

微博，现在已经成了留几手的重要工作阵地，其多半的收入都需靠它。但是留几手想要持续走红下去很难，他需要保证微博内容丰富有趣，广告不能超过 15%，即使是广告，也要经过层层的筛选。还需要花大量的时间整理资料，最大限度地保证内容的可读性。

第四节 同道大叔的星座物语

图 9–6 同道大叔的微博

在 2015 年“V 影响力峰会”上，同道大叔获得 2015 年十大人气博主的殊荣，现在同道大叔微博的粉丝已达到 1,057 万（图 9–6），是个名副其实的微博星座自明星。但是，很多熟悉同道大叔的自明星都知道，他刚开始在微博上并不是讲星座，而是画漫画，靠与微博热点有关的漫画吸引了很多粉丝。直到 2015 年 6 月，同道大叔推出了“大叔吐槽星座系列”，用幽默诙谐的文字和配图，以吐槽 12 星座在恋爱中的不同缺点为主，吸引了大量“星座控”粉丝，从而在微博上走红，变身有名的星座自明星。

同道大叔的微博定位发展史

第一步：免费给粉丝画定制漫画。2013 年 6 月 18 日是同道大叔开博的日子，一开始和其他普通的漫画微博一样，他都是无偿给粉丝画定制漫画。从图 9–7 中，我们可以看出这些漫画画风虽然不同，但和其他的漫画也没有什么区别。因此，最初，同道大叔并没有获得多少关注量。

图 9–7　同道大叔给粉丝画漫画

第二步：借势微博热点。光靠给粉丝画漫画是吸引不了多少粉丝的，毕竟一幅漫画只能吸引一个粉丝，其他粉丝只有看的份儿，感觉关注多久也不会轮到自己，自然而然就会失去关注微博的热情。所以，同道大叔改变了微博运营方式，用借势热点的方式来吸引粉丝。例如当时刚好《小时代》海报发布，引起粉丝们的极大关注。同道大叔就采取了恶搞明星海报的方式，引起明星粉丝的关注（图 9–8）。不管是吐槽还是点赞，只要能引发关注就是好办法。恶搞漫画发布后，得到了近 5,000 的转发量，同道大叔的粉丝量一夜之间上升了一个高度。

图 9–8　同道大叔恶搞《小时代》

第三步：推出搞笑漫画系列。除了微博热点之外，也需要每天创造出新内容才能巩固老粉丝，吸引新粉丝。因此，同道大叔开始推出原创漫画系列，揣测互联网用户的心理，发布各种搞笑漫画。如图 9-9 所示。

图 9-9　同道大叔搞笑漫画

第四步：加入段子手集团。仅仅靠以上三点，是很难在短时间内变成大号级别的自明星的。因此，同道大叔加入了段子手集团，利用其他段子手的影响力加大自己微博的普及度。加入段子手集团后，同道大叔进入了更多人的视野，微博的转发量也开始破万。

第五步：推出搞笑漫画系列。2014 年 1 月 25 日，同道大叔推出了一条讲 12 星座失眠的微博，该微博因为逗趣又一针见血的内容引起疯狂转发，当晚该微博的转发量就超过了 4 万（图 9-10）。

同道大叔

2014-1-25 22:26 来自 微博 weibo.com

猜想了下十二星座深夜失眠的原因。

猜想了下十二星座
深夜失眠的原因

@ 同道大叔

收藏 36734 8285 3878

图 9-10 同道大叔分析星座失眠

第六步：推出吐槽星座系列。从 2014 年 6 月 9 日开始，同道大叔用幽默诙谐的文字和配图吐槽星座系列，以吐槽 12 星座在恋爱中的不同缺点为主，吸引了大量的“星座控”粉丝，让他们看了之后纷纷对号入座，直呼“一针见血”。同道大叔从不同角度写星座，深度揣测粉丝心理。在同道大叔的微博中，每一个粉丝都可以找到自己的星座，所以每篇博文一旦发布就能引起疯狂转发。如图 9-11 所示。

至此，同道大叔找到微博定位，从此成了微博星座大号专业户。自从讲星座开始，一年之内，同道大叔的微博粉丝数量从 10 万涨到了 1,000 多万，涨粉速度惊人。这就是精准定位的影响力。

同道大叔 V

2014-6-9 18:05 来自 微博 weibo.com

#大叔吐槽星座#系列第三篇：双鱼座。

大叔吐槽星座系列之： 

双鱼座

@ 同道大叔

1 No zuo No die

这句话讲的就是双鱼座

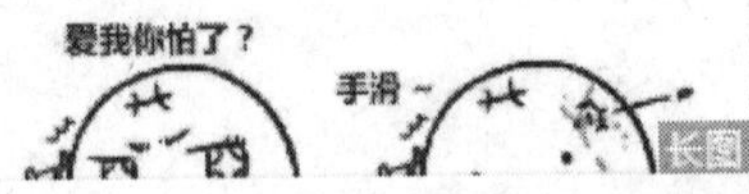

收藏 | 11679 | 8019 | 2329

图 9–11　同道大叔吐槽星座

同道大叔成功的四大因素

一、定位独特。同道大叔从进入微博界开始，就不断地通过各种方式找定位。在经历了多次尝试之后，终于发现了适合自己的微博定位——星座吐槽。找到自己的定位后，又详细制定了转型计划，并完美执行，成功地将自己塑造成微博星座专业化。这个定位的独特性奠定了他如今难以被超越的星座自明星地位。

二、前期分析。同道大叔的漫画风格非常简洁、清新，其实在做这个星座系列之前，他就对粉丝喜欢进行了具体的分析：第一，社会节奏快，简洁的线条更容易让人记住；第二，粉丝对漫画的欣赏要求不高，但是对文字的“笑料和犀利”要求却很高。所以，简单粗暴的漫画加上犀利和笑料十足的文字，迅速让他在微博上脱颖而出。如图 9-12 所示。

三、创意十足。同道大叔的星座漫画素材多来自于粉丝互动，准备吐槽某一个星座时，会事先发布微博让粉丝自发讨论，最后再根据素材进行整理和改编，这样一来内容就更加丰富有趣了。

四、洞察粉丝心理。粉丝在讨论星座时，不只是想看星座本身，关注和讨论它，很大程度上是想通过它来琢磨别人，甚至寻求与某个人相处的方式。说到底，星座只是一个情感交流的突破口，而同道大叔的成功就是因为抓到了这个突破口，才能够直击粉丝心底。

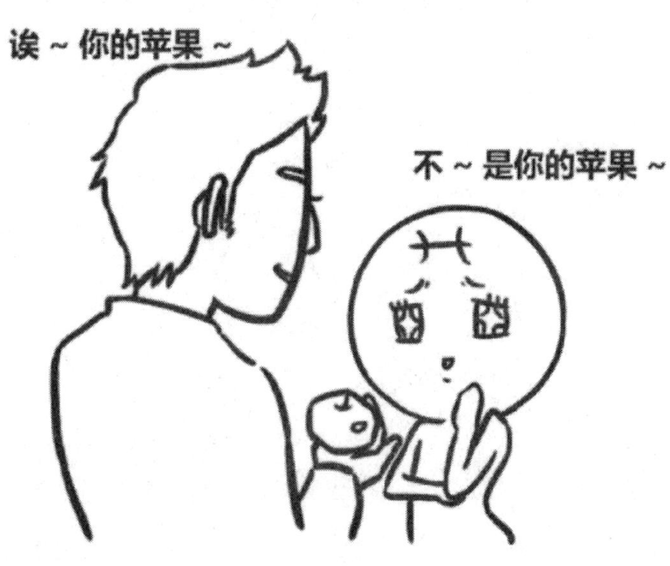

图 9-12　同道大叔的漫画风格

第五节　徐老师教你“深夜发媸”

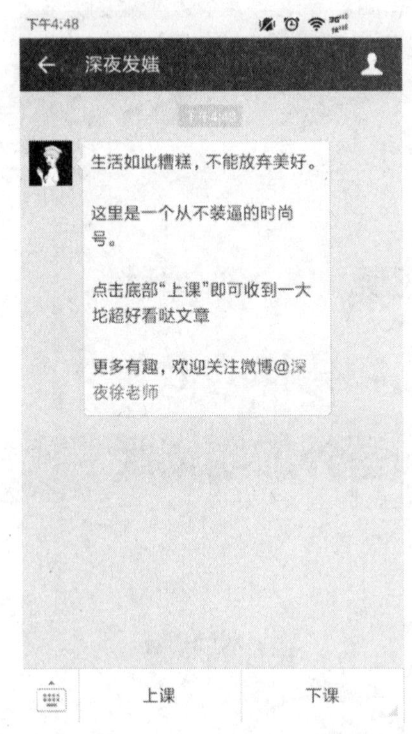

图 9–13　深夜发媸的微信公众号

有一个微信公众号非常的火，名字也很怪异，叫作“深夜发媸”。这个公众号创办人名叫徐妍，是个漂亮的年轻姑娘，平时喜欢在公众号上发表一些观点独特的文章，现拥有近50万的粉丝（图9–13）。现在我们就来看看，她是如何将一个普通的公众号运营到近50万粉丝的大号吧！

人格化

大部分的公众号都是以媒体的角度来发声的，真正以个人的角度来发声的自媒体并不多见。但是只有当自媒体有比较强烈的人格化特征时，大家才会觉得你的自媒体是一个有生命的载体，也只有这样才能对公众号的作者产生好感，从而成为你的粉丝。

深夜发媸的公众号显然做到了这一点，她的文章都是以个人的角度来切入的，虽然主观性很强，但是却能引起很大一部分人的共鸣。如图9–14所示。

内容是海量的，只有通过人格化的塑造才能使自明星变得独一无二，如果只是做没有任何感情的内容整理搬运工，是很难让人对你产生依赖感和亲近感的。

图 9–14 深夜发媸微信发布的文章

图 9–15 深夜发媸微信阅读量

高黏度

一个自媒体的粉丝黏性非常高的话，那么自媒体的创始人就很容易成为自明星。高黏度的特征就是你每次发文章都会有很多粉丝看。例如深夜发媸的文章的阅读数和点赞数都非常高，活跃度也很好，远远超过一般的公众号。如图 9–15 所示。

高互动

一个自明星的自媒体火不火，要看其是否有大量互动。互动越高的自媒体在粉丝心目中的地位就越重要。如何判断这个人是不是自明星呢？可以看他的微博点赞、评论、转发的数量，看微信公众号每篇文章评论区域的评论量。打开深夜发媸的微信文章，显然是符合这一点的。如图 9–16 所示。

图 9–16　深夜发媸的文章评论区

存在感

一个自明星是否重视用户存在感，对于他长期运营粉丝影响还是蛮大的。只有你充分注重粉丝的感受然后让用户有足够展现的机会，他们才会对你有持久的兴趣，因为你一个人自娱自乐对粉丝的吸引力是不够大的。

给用户存在感的方法有非常多，看到现在很多微博会抛出一个话题，比如“你做过什么最让另一半感动的事情”，然后下面就会有上千条留言说是怎么样怎么样，然后大家自己在评论区玩得很嗨，不断地点赞，还有热门的回复，或在里面讲段子等。

有些人甚至会去抢评论区，不管是公众号、微博还是视频网站，他们都会争相在评论区里讨论，然后贡献出很多很好玩的内容，从而进一步加深自明星的影响力。而且当粉丝在自明星这里找到存在感之后，他的依赖性会越来越强。

第六节　叫兽易小星让你想不到

叫兽易小星是线上生长起来的一代内容生产者中最具代表性的人物，是名副其实的内容视频自明星。现在，叫兽易小星已经转型为导演、监制，是新媒体影视公司万合天宜的创始人之一，兼任首席内容官。其 2013 年导演的网络连续剧《万万没想到》以及《万万没想到（第二季）》人气急升，成为网络剧导演中的红人。同年，又监制人气网络剧《报告老板》《高科技少女喵》以及百科喜剧《学姐知道》，更是让其人气再上一层楼。2014 年监制《报告老板之豪言壮旅》《张小喵片场日记》，2015 年编剧导演《万万没想到：千钧一发》，监制《名侦探狄仁杰》，直接奠定了他在网络剧中的人气和地位。其微博粉丝已经达到 7,371,588。如图 9–17 所示。

图 9–17　内容视频自明星叫兽易小星

踩准自制内容崛起的点

关于网络自制内容开始崛起的具体时间大概是在 2009 年年初，但最具里程碑意义的是优酷自制剧《老男孩》。之前虽然一些视频网站尝试过自制内容，但一直到 2011 年，随着版权价格的提高，自制内容才越来越受到关注。而易小星成功的第一步就是把握住了这一点。

所有的创新都建立在融合之上

所有的创新都是建立在融合的基础之上，将一些好的创意融合到一起，再加入自己的想法，能不能成功就看你拿捏的尺度。很多人都说易小星的《万万没想到》第一集是日和风格，第二集是总而言之的风格，叙事节奏是日和的，吐槽方法却是银魂的，笑点模式是 ONION 的，剧本内容是原创的，导演风格是易小星的。因此，所有的东西融合到一起，就成了只属于易小星的《万万没想到》。如图 9–18 所示。

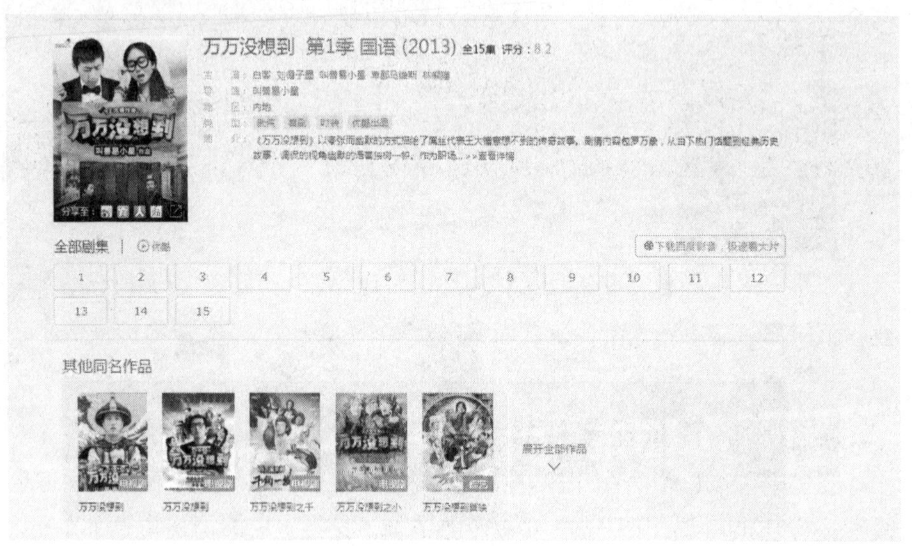

图 9–18　只属于易小星风格的《万万没想到》

轻内容，形式不拘一格

《万万没想到》有别于传统视频的主要特点有两个：**一是轻内容。**一般只有 4~10 分钟。而传统影视剧需要 45 分钟到 1 个小时，是重内容。因此，《万万没想到》的反应会非常快，不像传统影视剧，立项半年，拍摄半年。易小星制作视频时，会结合热点来做。而且因为只有 4~10 分钟的内容，所以结合热点来做视频就变得非常容易。如图 9–19 所示。

图 9–19 《万万没想到》第一集只有不到 4 分钟

二是形式不拘一格。易小星认为，网络自制内容不在乎形式的复杂和专业，不用刻意追求高大全，只要内容好，观众喜欢，形式可以不拘一格。

内容适合视频粉丝观看

有数据表明，对网络视频，观众的耐心时长是 45 秒。如果在这个时间段内没有发现内容的吸引力，观众就会快进，甚至直接关掉视频。而《万万没想到》虽然短，但笑点密集、贴近热点、接地气，能在短短 4~10 分钟内就黏住粉丝的注意力，贴补碎片时间。

第七节　张建伟，脑洞奇大的天才小熊猫

图 9-20　天才小熊猫的微博粉丝量

张建伟，微博名天才小熊猫，是一个成名比较早的网红，2010 年借着 3Q 大战创作了著名的《右下角的战争》系列一举成名。排在 2015 年中国网红排行榜第三位，口碑分 90.58；创作力分 93.64；影响力分 79.04；综合得分 87.76。截至 2016 年 5 月 12 日，微博粉丝量达到 592 万（图 9-20）。在自明星迅速迭代的时代，天才小熊猫能维持多年的知名度，肯定有其独特之处。现在，我们就来看看张建伟是如何运营的吧！

风格搞笑，脑洞奇大

天才小熊猫之所以能走红，首先靠的就是一条条“风格搞笑，脑洞奇大”的微博段子。天才小熊猫的微博内容非常丰富，正能量语句、搞笑视频、好玩段子应有尽有。最为关键的是，天才小熊猫能把这些正能量语句、搞笑视频用自己的方式演绎出来。

如“一个朋友昨天离职了，他说他在这家公司三年最大的收获就是收集

了 500 多兆的 qq 表情，也是离职后唯一带走的东西”。如图 9–21 所示。

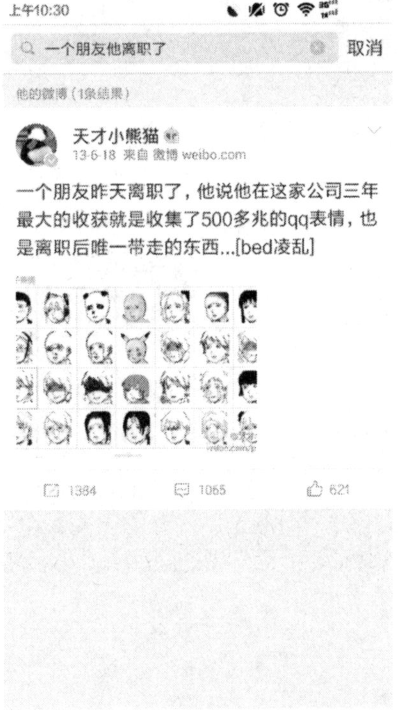

图 9–21　天才小熊猫的微博内容

吐槽、搞笑结合热点

天才小熊猫之所以能引起这么大的关注，结合热点进行营销是其最主要的手段。如其在 2016 年 5 月 11 日发布的一条《用互联网思维带孩子——第二集》，就结合了现在人人都喜欢挂在嘴上的“互联网思维”（图 9–22）。截至 2016 年 5 月 12 日 10 点，该条微博的转发量就达到了 5 万，评论 9,704，点赞 3 万（图 9–23）。这一组数据就足以证明，天才小熊猫微博的受欢迎程度。

其实，天才小熊猫借着最大的势，是全球华人首富王健林的儿子，中国第一网红王思聪。2014 年 7 月 22 日，天才小熊猫发布的一条微博《记一次非常逗比的经历》，其内容是关于韩国 TERA 的游戏（图 9–24）。该条微博的转发量 15 万，评论 2 万，赞 4 万，引起了不小的轰动。而能引发这么大关注度的就是因为王思聪转发了他的微博，天才小熊猫也借势跟他进行了互动。

别具一格的广告模式

既然是自明星，就肯定有广告，否则他就无法维持长期的运营。很多粉丝说，关注天才小熊猫的原因就是因为他的微博没有广告。其实，他的微博不是没有广告，而是他将广告融入得不着痕迹。如《用互联网思维带孩子》其实也是一条广告，但是粉丝却很买账，有粉丝评论说：“再不发广告我就要取关了。”“好好好，广告这么棒，我当然要买泰迪熊和小螃蟹。”如图 9–25 所示。

图 9-22 《用互联网思维带孩子（第二集）》段子

图 9-23 《用互联网思维带孩子（第二集）》微博转发、评论、点赞量

图 9-24 《记一次非常逗比的经历》段子

图 9-25 粉丝对天才小熊猫的评价

附　录

Appendix

“林峰梦想汇”本书众筹名单

一、本书核心发起人

肖森舟：《微信营销108招》作者，马云2号战袍拥有者（微信号83097）

刘贻集：广州中同信息科技有限公司（微信号13288628200）

张诗诗：广州德支鑫电子科技有限公司（微信号zss131457452）

张　翠：万川物流（微信号18820019868）

谢祥国：广州宏赋安贸易有限公司（微信号13826285648）

张历华：同鑫办公家具公司（微信号15989171517）

谢庭凤：广州鼎保国际贸易有限公司（微信号13902266477）

郑相明：广东秀逗坊创意有限公司（微信号13828168598）

刘　艳：广州市正清和化工贸易有限责任公司（微信号13316146487）

广州汇知知识产权信息咨询有限公司（微信号13533666297）

广州威翔电脑维修培训学院（电话 020-62202512）

广州培众手机维修学院（电话 020-62202513）

二、本书联合发起人

刘幻夷：广州伟创办公设备有限公司（微信号 18124268166）

郑孝衡：广州德孝恒商有限公司（微信号 18620000319）

贺小芙：恰恰爱果园淘宝店（微信号 kadatv）

梁伟业：翠丽明珠玉器公司（微信号 13688852973）

刘小清：海南砗磲工厂（微信号 546574659）

孙翰霞（微信号 13691795635）

陈克清：kealy 汽车用品淘宝店（微信号 13925001169）

宁佐清：佳业汽车内饰精品店（微信号 ningzq13928790765）

肖　潇：云绣花容国际纹饰教育机构（微信号 13676285855）

赵继成：广州营丽商贸有限公司（微信号 18929576588）

吴雪芹：广东国政投资理财职业培训学校（微信号 13760171640）

刘建民：厦门网加电子商务有限公司（微信号 13290783578）

倪雪峰：信阳高铁服务职业学校（微信号 18086665657）

黄钻华（微信号 13711128871，Amy654722412）

欧　蓉：平安信托广州分公司（微信号 13925081809）

麦建华：广州友谊裤都（微信号 13828456630）

戴朝贤：办公逸微信考勤机公司（微信号 13537835223）

陈　海：广州市六道文化发展有限公司（微信号 15218899777）

陈桂琼：酒店用品公司（微信号 13922278627）

贺小林：供应链管理（微信号 18666979762）

孙　稳：淘宝运营（微信号 13474077303）

吴永坚：广东文艺职业学院（微信号 179278652）

严金水：双金喜微商城（微信号 13421352897）

棒女郎官方联合创始人（微信号 18588727095）

刘　柯：易创电商医院（微信号 18925180549）

谢俊辉（微信号 15813365246）

谭文波：广州竞远办公设备有限公司（微信号 13450457066）

韦丽燕：投影机商城（微信号 13725166253）

何祥泽：汇学教育佛山分校战旗电商学院（微信号 13450892197）

闫　威：通化通天山葡萄酒淘宝店（微信号 13039195559）

杨浩然：花衣玖后女装淘宝店（微信号 18133863345）

石群英：百商会投资管理集团（微信号 18925082858）

韦庭荣：快递鸽创始人（手机号 13926161004，微信号 pos-wei）

杨　勇：微信营销商（手机号 18040670088，微信号 yang16yong）

冯　箭：广州警官（微信号 FJ1338005813）

金　峰：广州小产权房商（微信号 13822219050）

左小勇：OPPO 手机官方体验店（微信号 15019035913）

刘孟军：广东海丰电子商务公司（手机号 13828968186，微信号 hfmjsy）

罗东华：中山市特莱梦内衣有限公司（微信号 13726085818）

邱启聪：土特产商（手机号 13527740694，微信号 qicong123312）

马本湘：南软网络支付商（微信号 13600049888）

何静怡：广州宜兴财富理财（微信号 13570323107）

廖柳青：广州招商银行（微信号 15800034536）

唐　顿：快创网创始人，正能量网红俱乐部发起人（微信号 9911293）

孙　征：广州米多网络科技有限公司（微信号 18588870187）

付世波：天猫七河旗舰店（微信号 13826495550）

柯连标：广州博达教育（微信号 13556171725）

陈锐涛：晓润智能商学院（微信号 13632358005）

刘祖明：微信营销实战专家（微信号 18602000013）

陈瑞鹏：鹏兴表业（微信号 13640821563）

陈晓斌：黑马汇创始人（微信号 188735088）

张水红：俊霖山庄（微信号 18927806321）

魏茂心：广州市爱岗位信息技术咨询有限公司（微信号 13802527668）

邓中雪（微信号 13828491321）

周兆基：花都区电子商务协会执行会长（微信号 13902391226）

刘　燕：源欧科技（微信号 13660792618）

杜晓虹：波罗海琥珀蜜蜡商（微信号 13533319020）

裘名田：冬虫草参茸产地直销商（微信号 13177863188）

刘献文：广州市龙珠数码管理有限公司（手机号 13602236111，微信号 lz897688609）

唐明彬：广州玖圣健康生物科技有限公司（手机号 18620808028，微信号 ai99776611）

余盈喜：不见不散电子有限公司（微信号 13975106255）

杨　婧：欧韩女装（手机号 15981897929，微信号 yangjingy666）

范晓梅：喜爱坊婚庆用品（微信号 13724846223）

王兴运：服装批发商（微信号 18222043070 ）

魏圣浩：育羿达公司（微信号 13570981003 ）

张　希：广告公司（ 微信号 18636365568）

杨　召：化妆品源头厂家（手机号 13822282314，微信号 yz13360068141）

丁杰光：Scion Production LLC 公司（微信号 13710215681）

许晓萍：广州市隆再辉电子科技有限公司（微信号 18925002418）

郭佛生：广州慕思雨服饰公司（微信号 13229951039）

王先明：苹果达人（微信号 198823456）

杨　林：新媒体营销实战导师（微信号 15813315803）

孟　琪：企业管理内训师（微信号 15920858659）

欧阳西国：淘宝、天猫、京东推广实战运营讲师（微信号 13929512997）

邓志康：新媒体推广实战运营讲师（微信号 13802723010）

梁珮盈：泰漠服饰（手机号 13676233391，微信号 vivisandy 茶菓子）